Duke University Library

Theologische Charlatanerien

Duke University Library

Theologische Charlatanerien

ISBN/EAN: 9783743300163

Hergestellt in Europa, USA, Kanada, Australien, Japan

Cover: Foto ©Lupo / pixelio.de

Manufactured and distributed by brebook publishing software (www.brebook.com)

Duke University Library

Theologische Charlatanerien

Theologische Charlatanerien.

Berlin,

1789.

Vorrede.

In unserm Jahrhundert machte man sich überall ein Geschäft daraus, die erworbenen Kenntnisse kurz zu fassen, sie dem Schüler zu erleichtern, und für alle Gattungen von Menschen zuzubereiten; gleichwohl hat man bisher noch nicht versuchet, das Nämliche bey der theologischen Wissenschaft zu wagen. Hat man sie gleich manchmal dem Publikum in mög-

möglichster Kürze vorgetragen, so ist sie deswegen doch um nichts klärer geworden, vielmehr wurde sie dadurch nur verwirrter, und selbst diejenigen, die sich ernstlich mit der Theologie beschäftigten, am meisten davon sprachen, und den größten Eifer für sie zeigten, hatten von ihr nicht immer klare und deutliche Begriffe.

Um alle die Schwierigkeiten zu heben, überliefert man dem Publikum dieses kleine Werk, das man füglich ein theologisches Handbüchlein nennen könnte; worinn ein jeder sogleich die Auflösung aller Schwierigkeiten finden wird,
welche

welche in dieser so nützlichen Wissenschaft vorfallen könnten. Mit Hülfe dieses kleinen Wörterbuchs werden alle Menschen, und selbst Damen im Stande seyn, eine Menge wichtiger Fragen gründlich zu beantworten, deren Gegenstände bisher in dichten Wolken eingehüllet waren.

Man erwartet also mit Zuversicht, daß dieser Versuch von dem ganzen Publikum, und vorzüglich von der gesammten Geistlichkeit mit Entzücken werde aufgenommen werden, indem diese hierinn alle ihre Rechte mit unumstößlichen
Grün=

Gründen wird behauptet finden. Man wird daraus zugleich die sonderbare Verbindung der theologischen Gegenstände mit Vergnügen ersehen, und gewahr werden, daß sie alle von der Geistlichkeit als dem gemeinschaftlichen Mittelpunkte ausgehen, zu dem sie allemal wieder am Ende nothwendiger Weise zurückkehren; daß alle diese Lehren einander gegenseitig unterstützen, und eine vollständige Kette von Wahrheiten ausmachen: ein wahrhaft himmlisches System, dessen Dauerhaftigkeit nichts auf Erden zerstören kann! Tantum series juncturaque pollet!

Der

Der Verfasser dieses Taschenbuchs, ein Franzose, soll wirklich sein Glück damit gemacht, und auf seine ganze Lebenzeit eine Anstellung ad Triremes erhalten haben. So ehrsüchtig ist der Uibersetzer und Herausgeber dieses Handbüchleins nicht; er wünscht keine andere Belohnung, als den Beyfall des aufgeklärten Publikums.

Beynahe schämt man sich, hier noch hinzusetzen zu müssen, daß man, ungeachtet dieser beissenden Satyre, die Religion und deren würdige Diener ungemein hochschätze und verehre; allein gewisser Leute wegen, die sogleich bey den

ersten

ersten Zeilen dieses Taschenbuchs den Verfasser und Herausgeber wenigstens für Atheisten erklären werden, ist dieser Beysatz keineswegs überflüssig.

Abläße.

Sind geistliche Gnaden, welche die Päpste den Gläubigen ertheilen, deren Wirkung darinn besteht, daß uns die Sünden nachgelassen werden. Die Kraft der Abläße soll sich sogar auf die Todten erstrecken, wenn die lebenden Landesfürsten die Ausfuhr davon ins Fegfeuer verstatten.

Absetzung.

Die Bischöfe haben, wie man weis, allein das Recht, einen Bischof zu verurtheilen und abzusetzen. Die Landesfürsten können nicht ohne Gotteslästerung dieses Recht ausüben. Seitdem Samuel den König Saul absetzte, haben die Bischöfe das Recht erhalten, Könige absetzen;

setzen; woraus man sieht, wie billig es war, daß Ludwig der Sanftmüthige von den versammelten Bischöfen zu Soisson abgesetzt wurde, und daß der Papst das unstreitige Recht habe, Könige abzusetzen.

Abt.

Ist ein geistlicher Vater, der zeitliche Einkünfte, die mit seiner Abtey verbunden sind, unter dem Beding zieht, daß er sein Brevier betet, seine Mönche plagt, und mit ihnen Prozesse führt. Nicht alle Aebte besitzen Abteyen, ob sie schon große Lust dazu haben; die Meisten aus ihnen haben kein anderes Recht, als schwarz zu gehen, ein Krägelchen zu tragen, und mit Neuigkeiten hausiren zu gehen.

Abteyen.

Sind heilige Zufluchtsörter wider das Verderbniß der Zeiten, die damals, als
ver

der Glaube noch lebhaft war, von frommen Schwachköpfen gestiftet, dotirt, und für eine gewiße Anzahl von höchst nützlichen Bürgern und Bürgerinnen bestimmet wurden, die sich dahin verloben, um zu singen, zu trinken und zu schlafen; und dieß alles aus keiner andern Ursache, als damit die Arbeiten ihrer Mitbürger gedeyen.

Abtödtungen.

Sind wohlgewählte und sinnreiche Mittel, sich zu quälen, und auszuzehren. Ein dicker Bauch ist nicht geschickt, eifrig in der Religion zu seyn; doch sind hievon die Mönchsbäuche ausgenommen. Den Layen muß das Fett gut ausgepresset werden, wenn sie durch die enge Pforte des Paradieses gehen sollen.

Adventzeit.

Ist die Zeit des Fastens, der Kasteyungen, und der Traurigkeit; vermuthlich weil

weil sich die guten Christen wegen der nahen Ankunft ihres Befreyers äusserst betrüben.

Aergerniß.

So wird jene Handlung gennet, die dem Nächsten Gelegenheit zur Sünde giebt. Die Diener des Herrn geben niemals Aergerniß; nur die Ungläubigen ärgern sich manchmal an dem Lebenswandel dieser frommen Leute. Wer gläubig ist, aber es gehört ein starker Glauben dazu, der muß, wenn er einen Geistlichen ein schönes Mädchen küssen sieht, nichts anders dabey denken, als daß er es habe segnen wollen. Dann, wann wir Handlungen eines Priesters sehen, die uns ärgern, ist es Zeit, daß wir uns, nach dem Rathe des Evangeliums, die Augen ausreissen.

Agnus

Agnus Dei.

Sind kleine, von dem römischen Bischof selbst geweihte, wächserne Kuchen, und erhalten folglich von der ersten Hand die Wunderkraft, Zaubereyen, und Ungewitter abzuwenden. Nie schlägt der Donner in solchen Ländern ein, wo sich solche Heiligthümer befinden.

Allmosen.

Darunter wird jede Austheilung sowohl seines eigenen als fremden Vermögens verstanden, die aus der Absicht geschieht, den frommen Müssiggang der Mönche und aller derer zu verewigen, die es viel bequemer finden zu beten, als zu arbeiten.

Altar.

Im figürlichen Verstande genommen ist er allemal dem Throne entgegengesetzt;

dieß bedeutet, daß die Priester den Landesfürsten oft recht viel zu schaffen geben. Wenn man die Geistlichkeit angreift, so schreit sie, daß man den Thron und den Altar untergrabe, und dieß macht sie wichtig, dadurch glaubt sich der Landesfürst im Gewissen verbunden, sich sogar wider seinen eigenen Vortheil in ihre Zänkereyen mischen, und sich ihrer annehmen zu müssen. Wenn die Fürsten einen starken Glauben haben, so ist es leicht, ihnen begreiflich zu machen, daß, wenn man die Priester angreift, auch sie nicht sicher sind.

Alterthum.

Dieses hat sich niemals irren können. Die Länge der Zeit ist immer eine ungezweifelte Probe von der Richtigkeit einer Meinung, eines Gebrauches, einer Ceremonie, ꝛc. ꝛc. Es ist sehr viel daran gelegen, keine Neuerungen vorzunehmen: die alten Schuhe sind allemal bequemer

als

als die neuen, sie drücken die Füsse nicht. Die Geistlichkeit soll nie von ihren alten Gebräuchen abstehen. Das Alterthum schützt vor allen Thorheiten.

Andacht.

Ist eine heilige Ergebenheit in den Willen der Priester, oder eine fromme Genauigkeit, alles zu erfüllen, was sie zu befehlen lustet. Die Andächtigen, welche von diesen großen Gesinnungen pflichtmässig eingenommen sind, haben den Vortheil, einfältig, abgeschmackt, mürrisch und ungesellig zu seyn. Die Andächtigen müssen an dem Heil aller derer, die sich ihnen nähern, sehr nachdrücklich arbeiten, und, wenn es seyn kann, auch Gewalt brauchen, um ihnen einen heiligen Eckel vor den Dingen dieser Welt beyzubringen. Der Gemahl einer Andächtigen muß oft versuchet werden, sein Haus zu verlassen.

Annaten.

In katholischen Ländern erlaubt man sehr weislich einem fremden Priester, das Lösegeld für die Priester dieser Staaten zu fordern; denn sonst würden diese Priester sich nicht rechtmäßig des göttlichen Rechts bedienen können, das Lösegeld für ihre Mitbürger zu fordern.

Ansehen der Geistlichkeit.

Ist die Macht, welche die Diener des Herrn besitzen, die Menschen von der Gültigkeit ihrer Entscheidungen, von der Billigkeit ihrer Rechte, und von der Unumstößlichkeit ihrer Meinungen durch Gefängniße, Soldaten und Scheiterhaufen zu überzeugen.

Antworten (theologische)

Sie sind unwiderleglich, und bestehen im Schimpfen, Schreien, Verketzern, und Ver-

Verdammen. Die gründlichsten sind, worinn die weltliche Macht wider diejenigen aufgefodert wird, welche die Kühnheit haben, nicht alle Lehren der Priester für Gottes Wort zu halten. Freylich wohl giebt es noch Ungläubige, die sich mit solchen Antworten nicht wollen befriedigen lassen, dafür sind sie aber auch der Gefahr ausgesetzet, um Ehre und Brod gebracht, oder wohl gar zum Lande hinausgejaget, oder, wenn sie Innländer sind, mit 25. Stockschlägen eines Bessern belehret zu werden.

Anzeigen.

Die christliche Religion ist die Stütze der Staaten, der Gesellschaft und der Sitten. Derowegen hält die Geistlichkeit hauptsächlich in den Ländern, wo die heilige Inquisition eingeführet ist, ihre Spione, und zwingt die Anverwandten, Freunde und Dienstleute zum Verrath, welches augenscheinlich die Gesellschaft sicher, die Sitten ehrbar, und den Umgang unendlich angenehm macht. Die nämlichen Vortheile verschaffen auch die politischen Anzeigen.

Appellation an den weltlichen Richter.

Ein gottloser und der Kirche höchst nachtheiliger Gebrauch; in einigen Ländern wurde er auf eine schändliche Weise eingeführt, wo man verwegen genug ist, von den Entscheidungen der geistlichen Richter an die weltlichen zu appelliren, ungeachtet man weis, daß die geistlichen Richter unfähig sind, ihr Amt zu mißbrauchen, oder widerrechtlich zu entscheiden.

Arbeit.

Die Priester sind nicht auf Erden, um wie die Layen zu arbeiten; denn der
Fluch,

Fluch, der den Adam traf, erstreckte sich nur auf diese. Ihre Arbeit ist geistig, und besteht blos darinn, andächtig zu träumen, etwas vom dritten Himmel zu erzählen, überirrdische Gesichte zu sehen, über Meinungen zu zanken, und für das Wohl derjenigen, die gut bezahlen, zu singen. Weil diese Arbeit, wie man sieht, sehr nützlich ist, so fodert es auch die Billigkeit, diese Leute gut zu nähren. Die Geistlichkeit wäre schlecht zufrieden, wenn man ihre geistige Arbeit mit geistiger Münze, mit einem: Vergelt es Gott, bezahlen wollte, da sie den Layen einen so wesentlichen Nutzen verschaft.

Arm (weltlicher)

So nennt man die Landesfürsten und Obrigkeiten, denen die Geistlichkeit zum Beßten aller ihr anvertrauten Seelen als eine zärtliche Mutter diejenigen überliefert, die sie durch Feuer und Schwerd
eines

eines Beſſern belehren will, weil ſie aus angebohrner Sanftmuth ſelbſt kein Blut vergieſſen darf.

Armuth.

Unter den Chriſten hat es immer viel Arme gegeben. Die Biſchöfe ſind arm, die Domherren ſind arm, die Pfarrer ſind arm, und die Mönche ſind ſo ganz arm, daß ſie ſogar ein Gelübde der Armuth ablegen. Es iſt ein bekanntes Sprichwort, viele Leute wären nicht reich genug, um in einem reichen Kloſter das Gelübde der Armuth ablegen zu können. Nur die Layen ſind reich. Damit aber alles ins Gleichgewicht komme, ſo müſſen dieſe an die Geiſtlichkeit ſoviel abgeben, daß man endlich auch von ihnen ſagen kann, ſie ſeyn arm.

Aufrührer.

Die Diener des Herrn ſtützen ſich auf das göttliche Recht, welches ihnen, wie ſie se sagen, erlaubt, Aufrührer zu seyn. Der Landesfürst ist in ihren Augen ein Tyran, sobald er sie einschränken will, oder verwegen genug ist, sie zu strafen, oder, welches das Aergste ist, sie zur Vernunft zu bringen trachtet; dieß verzeiht ihm die Geistlichkeit bis ins vierte Geschlecht nicht; denn sie hat Gründe im Ueberflusse, um uns zu überzeugen, daß man die Gründe verachten müsse.

Aufruhren.

Sind wohlthätige Gährungen, in welche die Geistlichkeit die Länder jener Fürsten zu bringen weis, die verwegen genug sind, ihre Hände an das Rauchfaß zu legen. Wer zweifelt wohl, daß es rechtmässig sey, sich wider einen Landesfürsten zu empören wenn es der Papst befiehlt, oder wenn es der Priesterschaft zum Vortheil gereichen kann? In diesem Falle ist ja der Fehler an dem Fürsten,

der

der sich wider den Papst oder die Geistlichkeit, das heißt: wider Gott selbst auflehnet. Diese Aufruhren gründen sich auf die Lehre des sanftmüthigen Menschensohns: Liebet eure Feinde; thut denen Gutes, die euch haffen — und bittet für diejenigen, welche euch beleidigen. Luc. 7. 27. 28.

Augen.

Sind jedem guten Christen sehr unnütze Werkzeuge, weil er die Augen verschliessen muß, um desto sicherer auf dem Wege des Heils zu wandeln, oder sie gar ausreissen soll, wenn ihn die Geistlichkeit ärgert.

Bannflüche.

Sind liebreiche Ermahnungen, welcher sich die Diener eines menschenliebenden Gottes wider diejenigen bedienen, die ihnen misfallen. Dadurch werden diese zum Beßten ihrer Seelen den ewigen

gen Strafen übergeben, wenn es nicht thunlich ist, ihre Leiber mit zeitlichen Strafen zu züchtigen.

Bannstralen.

Sind geistliche Strafen, womit Rom diejenigen beleget, die sich seinen Forderungen widersetzen. Vormals machten sie, daß man auf der Stelle verdorrte, und die Fürsten starben davon manchmal wie vom Schlage gerühret. Heut zu Tage sieht man so auffallende Wirkungen dieser Strafe nicht mehr, welches daher kömmt, weil der Glaube auf Erden immer seltener wird.

Begierlichkeit.

Dieses Wort, welches in zärtlichen Ohren sehr übel und unehrbar lautet, hat seinen Ursprung der Theologie zu verdanken, und bedeutet nichts Unanständiges. Man versteht darunter bloß den Hang, den die Menschen seit ihrem Ursprunge zu

allem

allem demjenigen haben, was fähig ist, ihnen ein Vergnügen zu verschaffen.

Begriffe (angeborne.)

So nennt man die Kenntnisse, welche uns die Ammen, und Geistlichen so frühzeitig eingeflösset, und so oft wiederholet haben, daß wir bey zunehmendem Alter glauben, sie stets gehabt, oder im Mutterleibe schon empfangen zu haben. Alle ascetische Begriffe sind augenscheinlich angeborne Begriffe.

Bekehrungen.

Sind öfters gähe, unvermuthete und wunderbare Veränderungen, wodurch eine alte Buhlschwester ihren Anstrich verläßt, eine liebenswürdige Frau zänkisch, und ein Weltmann zu einer Nachteule wird. Ein sterbender Pachter vermacht aus Verzweiflung, weil er seinen Raub nicht mit sich nehmen kann, seine Güter der Kirche zur Beruhigung seines Gewissens,

sens, seiner Seele, und zum Heil derjenigen, die er bestohlen hat. Diese haben sich alle vollkommen bekehret.

Benefizien.

Sind Einkünfte, die mit einem geistlichen Geschäft verbunden sind, und im Namen Gottes von einem Mitgliede der Geistlichkeit eingezogen werden. Sobald ein Geistlicher damit versehen ist, besitzt er sie vermöge göttlichen Rechts, und hat folglich nicht Ursache, irgend einem Menschen dafür verbunden zu seyn. Es ist jedem Priester verboten, mehr als ein Benefizium zu besitzen, und dieses Kirchengesetz wird, wie wir sehen, überall auf das Genaueste beobachtet.

Beruf.

Ist eine innerliche und unverkennbare Stimme des Himmels, die einen Knaben

ben oder ein Mädchen von fünfzehn Jahren anlocket, sich einsperren zu lassen, damit sie das Vergnügen haben, ihre ganze Lebenszeit in langer Weile zuzubringen. Dieser Beruf ist auch ein heiliges Verlangen, Benefizien zu erhalten, welches in den Kabeten der Familien, die kein Vermögen haben, oder in allen jenen, die einen unwiderstechlichen Hang in sich verspüren, nichts für die Gesellschaft zu thun, zu entstehen pflegt.

Brüder.

Alle Christen sind Brüder, das heißt, sie zanken sich untereinander wegen der Erbschaft ihres Stifters, dessen Testament, Dank sey es den theologischen Brüdern, sehr dunkel geworden ist. Rara est concordia fratrum.

Besessene.

In vorigen Zeiten nahmen die Teufel oft Besitz von den Menschen. Heut zu
Tage

Lage sieht man wenig Besessene mehr, auſſer in kleinen Städten oder Dörfern. Man muß itzt den Teufel ſogar bezahlen, damit er in die Körper fährt, und auch alsdann wird man nicht ſelten noch ſehr ſchlecht bedient.

Betrachtung.

Ein guter Chriſt hat in dieſer Welt nichts beſſers zu thun, als unaufhörlich in Betrachtungen ſich zu vertiefen, weil nichts ſo ſehr das thätige Leben, wozu wir erſchaffen ſind, befördert als die aſcetiſche Hirngespinnſte. Dieſe Arbeit verſchaft ihm eine beſtändige Unterhaltung, hauptſächlich wenn er ſich vornimmt, etwas davon begreifen zu wollen.

Betrachtungen.

Sind ein ſehr nützliches Geſchäft, das allen andern weit vorzuziehen iſt. Man
sieht

sieht leicht ein, daß nichts verdienstlicher seyn kann, als ganze Stunden unverrückt zu staunen. Die Früchte, welche die menschliche Gesellschaft daraus zieht, sind von einem unbeschreiblichen Werthe, weil sie dem thätigen Leben zum größten Nachtheil gereichen.

Betrug (frommer.)

Er besteht in heiligen Verfälschungen, frommen Lügen, und andächtigen Erfindungen, deren sich die Geistlichkeit mit vollem Rechte bedient, um die Frömmigkeit der Layen zu nähren, der guten Sache ein Ansehen zu verschaffen, und den Glaubensgegnern zu schaden, wider die, wie man weis, alles erlaubt ist. Die Aufklärung soll dieses System gewaltig erschüttert haben.

Bettelmönche.

Sind Mönche, die einen Eid abgeleget haben, nichts Eigenes zu besitzen, und auf Kosten derjenigen zu leben, die etwas besitzen. Man kann nie genug solcher Leute in einem Staate haben; denn diese frommen Bettler sind Freunde des Himmels; wenigstens vermögen sie alldort für andere etwas, wenn sie gleich selbst leer ausgehen.

Bevölkerung.

Ist den christlichen Nationen sehr schädlich, weil man, um vollkommen zu seyn, im ehelosen Stand bleiben soll; die Eheleute sind also lauter unvollkommene Christen. Ferner ist, wie bekannt, die Zahl der Auserwählten sehr klein, der Verworfenen aber unendlich groß; jemehr also eine Nation Menschen unter sich zählt, destomehr hat sie Verworfene, sohin ist die Bevölkerung der Glückseligkeit eines Staats sehr nachtheilig.

Bibel.

Ein ſehr heiliges, von dem Geiſte Gottes ſelbſt eingegebenes Buch, welches alles enthält, was ein Chriſt wiſſen, und ausüben ſoll. Hieraus folgt klar, daß es die Layen niemals leſen ſollen: das Wort Gottes würde ihnen ungezweifelt ſchaden, und derowegen iſt es beſſer, daß ſie die Geiſtlichen dieſes Buch ſtatt ihrer leſen laſſen. Die Layen ſollen ſich mit dem begnügen, was ihre Geiſtlichen für gut und tauglich befinden, ihnen daraus zu erzählen.

Biſchofſtab.

Er hat einige Aehnlichkeit mit dem Lituus oder Wahrſagerſtabe bey den Römern; die Biſchöfe oder infulirten Aebte pflegen ihn bey Kirchenceremonien zu tragen. Manche Biſchöfe gebrauchen dieſen Hirtenſtab, um ihren Heerden zu verkündigen, daß ſie wahre Schafe ſind, und daß

daß sie nichts bessers thun können, als sich von ihren Hirten rein scheeren zu lassen.

Blut.

Die Kirche verabscheut das Blutvergießen, Ecclesia non sitit sanguinem. Daher hat die Geistlichkeit ein so zärtliches Herz, daß sie in Ohnmacht fallen würde, wenn sie Blut vergießen sähe, sie selbst also kann sich nie damit abgeben; sondern verordnet nur, gleich den Aerzten, das Aberlassen, welches von den Landesfürsten, Magistraten und Henkern, als ihren bestellten Wundärzten, muß vorgenommen werden.

Blutsäuger.

Sind Todte, die zu ihrer Unterhaltung den Lebendigen das Blut aussaugen. Es hat immer Freygeister genug gegeben, die an dieser so sehr beurkundeten Geschichte

schichte zweifeln, allein man sieht daraus, daß diese Vielwisser sich auch irren können. Wenn sie nur die Augen recht öffnen wollten, so würden sie alle Tage sehen, wie todte Körper die lebendigen Layen bey jeder Gelegenheit aussaugen.

Brevier.

Ist eine Sammlung trefflicher Legenden in dem schönsten Latein. Die Geistlichen, welche Benefizien besitzen, und auch jene, die darauf warten, sind verbunden, alle Tage daraus zu bethen, um sich nach den darinn aufgestellten Ascetenmustern zu nützlichen Bürgern zu bilden, bey Strafe ihre Einkünfte zu verlieren.

Brevier.

Ist eine Sammlung der trefflichsten Gesänge und Wundergeschichten, die sehr geschickt sind, den Nachmittagsschlaf zu beför=

befördern. Ganz wider alles Kirchenrecht haben sich die Landesfürsten die Freyheit genommen, einige Stellen darinn wegzustreichen, und bey 50 fl. Strafe zu verbieten. Diese Stellen werden also öffentlich aus Gehorsam nicht mehr vorgelesen; doch soll jeder Geistliche für sich noch immer verbunden seyn, sie in Geheim zu lesen.

Brod.

Vor Zeiten entstund in der Kirche ein wichtiger Streit, um zu wissen, ob man gesäurtes oder ungesäurtes Brod zur Consecration nehmen sollte. Nachdem diese große Frage die Welt lange getrennet hatte, wurde sie glücklich entschieden: Ein Theil der Christen bedient sich des gesäurten, und der andere des ungesäurten Brods.

Bücher.

Nur die Choralbücher sind der Geistlichkeit nützlich. Ausser diesen kann man den Christen noch erlauben, die geschmackvollen Tagzeiten und sinnreichen Litaneyen zu lesen. Alle andere Bücher sind zu nichts gut, als daß man sie verbrennt, oder in einige Mönchsbibliotheken stellt, wo sie gewiß nicht in der Lage sind, jemand Schaden zu thun, es wäre denn, daß die Motten einige Ketzereyen heraussaugten, womit sie hernach die Kleider ansteckten, und so die Irrthümer verbreiteten.

Bullen.

Sind mit einem kleinen Siegel versehene Pergamente, die man zu Rom ausfertiget, wenn es darauf ankömmt, Geld zu sammeln, oder eine heilige Gährung in den Ländern zu erzeugen, welche nöthig haben, in Bewegung gesetzt zu werden. Ohne die Bulle Unigenitus wäre

Frank=

Frankreich seit mehr als 70 Jahren in der unverzeihlichsten Schlafsucht gelegen.

Bußübungen.

Sind tausend kleine Erfindungen, welche die Frommen ausgedacht haben, um ihren Leib nach und nach zu zerstören, oder sich das Leben unerträglich zu machen. Natürlicher Weise ist uns das Leben und die Gesundheit nur derowegen gegeben worden, damit wir uns selbst langsam hinrichten, welches, wenn es auf einmal geschähe, nicht erlaubt wäre.

Cölibat.

Eine von der römischen Kirche sehr weislich gemachte Verbesserung des göttlichen Gesetzes sich zu vermehren, welches Gott selbst in der Bibel gegeben hat. Ein guter Christ sollte sich wohl niemal verheurathen; die Priester haben keiner

Weiber nöthig, da die Layen Weiber haben. Ein verheuratheter Priester würde Gefahr laufen, seinen Nutzen mit dem Nutzen seiner Mitbürger zu vereinigen, welches gerade wider die Absichten des römischen Hofs wäre.

Cardinal.

Ist ein ganz rother Priester, der kraft eines päpstlichen Breve einen den Königen gleichen Rang erhält, und sich ihrer Botmässigkeit entzieht, nur den einzigen Fall ausgenommen, wenn er Gnaden von ihnen empfangen soll, die er aus blosser Gefälligkeit anzunehmen gütig genug ist. Die Cardinäle sind roth oder feuerfärbig gekleidet, damit sie das Blut, welches man zum Beßten der Kirche vergiessen muß, und die Scheiderhaufen, die man zur Unterstützung des Glaubens anzünden soll, niemals aus den Augen lassen.

Casui=

Casuisten.

Sind geistliche Algebraisten, welche die Thorheiten, die ein guter Christ begehen kann, ohne die Gottheit allzusehr zu beleidigen, berechnen und in Gleichungen bringen.

Censuren.

Sind Beschimpfungen, womit die Theologen Leute, oder Bücher belegen, die das Glück nicht haben, ihnen zu gefallen, oder sich mit ihren unfehlbaren Begriffen zusammen zu reimen. Wir vermuthen nicht, daß man unser kleines Taschenbuch mit einer Censur belegen könne.

Ceremonien.

Sind gewisse abgemessene Bewegungen des Körpers, welche die Geistlichen, in der Absicht Gott zu gefallen, sehr weislich vorgeschrieben haben. Sie sind von solcher Wichtigkeit, daß es besser wäre,
es

es giengen ganze Nazionen durch Feuer und Schwerd zu Grunde, als daß man nur eine einzige ausliesse, oder veränderte.

Charlatane.

Sind aufrichtige Freunde des Menschengeschlechts, die nichts als sein Beßtes suchen. Es giebt geweihte und ungeweihte, nur die letztern sind Betrüger; die ersten sind redliche Leute, die vermöge eines Privilegiums des vornehmsten Seelenarztes den geistlichen Lebensbalsam verkaufen. Gewöhnlicher Weise lassen sie sich angelegen seyn, uns recht krank zu machen, damit sie uns von der Güte ihres Hilfsmittels überzeugen können.

Cönobiten.

Sind Mönche, die in Gemeinschaft leben, damit sie desto besser Gelegenheit haben, einander toll zu machen, um dadurch

durch den Himmel zu verdienen, wohin nur diejenigen kommen, die man auf Erden recht böse macht.

Datarie.

So nennt man in Rom eine heilige Kanzley, wo man um Geld Pfründen, Lossprechungen, Abläße und die Nachlassung aller Sünden erlangen kann.

Demuth.

Ist eine christliche Tugend, die zur Unterwürfigkeit vorbereitet. Sie ist hauptsächlich den Geistlichen zuträglich, deren Einsichten man den seinigen vorziehen muß. Sie besteht darinn: sich selbst zu verachten, und die Achtung anderer zu fürchten, und zu fliehen. Daraus sieht man, wie geschickt diese Tugend ist, große Männer zu bilden. Die Geistlichkeit zeigt überall Demuth; sogar der Papst setzt sich voll Demuth über alle Könige und Kaiser.

Dispensen.

Sind Erlaubnisse, allerley Gebote zu übertretten. Gewöhnlich kann man sie zu Rom um Geld haben. Kraft dieser Dispensen wird rechtmäſſig und erlaubt, was auſſerdem unerlaubt und widerrechtlich wäre. Hieraus sieht man, daß die Armen viel mehr Sünden als die Reichen begehen müsse, und also der Reichen eigentlich das Himmelreich sey.

Doctormütze.

Ist bey vielen Theologen das Löschhorn der gesunden Vernunft. Man bedeckt den Kopf eines solchen Doktors mit einer viereckigten Mütze, um ihm dadurch anzudeuten, daß seine Verrichtung in Hinkunft seyn werde, die gesunde Vernunft bey andern zu ersticken, die er durch häufiges Studiren so glücklich gewesen ist, bey sich selbst zu ersticken.

Domherren.

Sind Geistliche, die sich öfters mehr mit der Küche als mit den Wissenschaften beschäftigen. Der Staat zieht von ihnen einen sehr großen Nutzen, weil sie zu seinem Besten oft im Schlummer ein wunderschönes Latein singen, daß sie nicht verstehen würden, wenn sie auch wach wären.

Druckerey.

Ist eine teuflische und des Antichrists würdige Erfindung, sie sollte aus jedem christlichen Lande verbannet seyn. Die Frommen haben keiner Bücher nöthig der Rosenkranz ist für sie genug. Wenn man es recht gut machen wollte, so müßte man nichts als das Brevier und den P. Kochem drucken.

Duldung.

Ist ein gottloses, ärgerliches und die Absichten der Geistlichkeit ganz zerstörendes

des System. Nur laue Christen können ein Wohlgefallen daran finden, die behaupten, es sey gut, jedermann über Dinge, die er nicht versteht, fantasiren zu lassen. Die Geistlichkeit kennt ihre Vortheile unvergleichlich, niemals hat sie in eine vollkommene Duldung eingewilliget; die Religionspartheyen haben sich überall gehasset, verfolget und ausgerottet; und wir haben Ursache zu hoffen, daß dieß bis zu Ende der Welt fortdauren wird, wenn die Landesfürsten nicht Ketzer genug sind, um sie in ihren frommen Unternehmungen zu stören. Die heilige Inquisition allein ist noch duldsam, denn sie duldet sogar das Vermögen der Deisten und Atheisten in ihrem Schatze, wenn nur die Besitzer davon durch das Feuer sind gereiniget worden.

Ehe.

Ist ein Stand der Unvollkommenheit, ungeachtet Christus diesen Stand zu einem

nem Sakramente erhoben hat. Die Enthaltsamkeit ist im Gegentheil ein Stand der Vollkommenheit, weil ihn die Geistlichkeit empfiehlt. Der einzige Vortheil, den sie aus der Ehe zieht, besteht in dem, daß die Hindernisse, die sie erfunden hat, ihr durch die Dispensation Geld eintragen.

Ehescheidung.

Wird von der Geistlichkeit in keinem Falle bey den Layen gestattet. Ungezweifelt geschieht dieß zum Besten der Eheleute, die einander nicht vertragen können; denn so peinigen sie sich ihr ganzes Leben über, welches sie gerades Wegs ins Paradies führt. Die Ehescheidung ist nur den Bischöfen und Pfarrern erlaubt, denn diese allein können, wann sie immer wollen, eine arme Pfründe für eine reiche vertauschen.

Ehrenstellen.

Die Geistlichkeit verachtet alle Ehrenstellen und Würden dieser Welt; es wandelt sie so wenig eine Lust darnach an, daß sie sogar einen augenscheinlichen Eckel vor allen Titeln, Ordensbändern, Pallästen u. d. g. hat; am meisten beleidiget man sie, wenn man ihr große Ehrentitel beylegt.

Eifer.

Ist ein heiliges Fieber, das oft mit starken Anfällen und einem gewaltsamen Triebe nach dem Gehirne begleitet ist. Die Bethbrüder und Bethschwestern sind dieser Krankheit, die sehr gefährlich und ansteckend ist, am meisten unterworfen. Seit achtzehn Jahrhunderten haben sich die Christen der Vortheile nicht wenig zu erfreuen, die sie aus dieser heilsamen Krisis ziehen, und die ungezweifelt, wenn die Landesfürsten nicht dagegen arbeiteten,

ten, bis in Ewigkeit fortbauren würden. Der Eifer deines Hauses hat mich verzehret, das heißt eigentlich: Ich habe jedermann um Gottes Willen verfolget, und so viel an mir war, zu seinem Besten zu Grunde gerichtet, der nicht meiner Meinung war.

Eigenliebe.

Ein trauriger Zustand, der die Ursache ist, daß die verderbten Menschen so thöricht sind, sich selbst zu lieben, für ihre Erhaltung zu sorgen, und ihr Wohlseyn zu wünschen. Ohne dieses Verderbniß würden wir den Vortheil gehabt haben, uns selbst zu verabscheuen, das Vergnügen zu hassen, und auf unsre eigene Erhaltung gar nicht zu denken.

Eingriffe (widerrechtliche).

Die Freygeister behaupten, daß die Kirche öfters Rechte ausgeübet habe, die

die ihr nicht zustanden. Wenn diese Leute gläubig wären, so würden sie einsehen, daß die Kirche nie etwas ungerechter Weise an sich bringen kann, weil sie die Rechte des Himmels ausübt, die unbegränzt sind. Die Landesfürsten allein handeln wider=rechtlich, wenn sie die Geistlichkeit an der Ausübung ihrer vermeinten Rechte hindern.

Einsamkeit.

Sie ist dem frommen Christen, der sich in den Pflichten eines guten Bürgers üben will, sehr zuträglich. Dadurch wird er mürrisch, unverträglich, und, wenn er recht eifrig ist, auch wahnsinnig. Die menschliche Gesellschaft, diese böse Welt, führt uns nur ins Verderben. Wer in jener Welt glücklich seyn will, muß in dieser sich und andern zur Last seyn.

Einsiedler.

Sehr fromme und von jedermann billig geachtete Leute, die, um zur Vollkommenheit zu gelangen, sich der Gesellschaft aller andern Menschen entzogen haben, aus Furcht, sie möchten so unglücklich seyn, ihnen nützlich werden zu können.

Eintracht.

Sie herrscht allezeit unter den Christen, und hauptsächlich unter den Theologen. Die unwandelbare Eintracht, welche unter diesen Gelehrten besteht, ist ein ununterbrochenes Wunder, das den menschlichen Verstand in Erstaunen und Verwirrung setzt.

Endursachen.

Weil die Theologen Vertraute der Gottheit sind, so wissen sie die geheimsten Bewegungsgründe aller ihrer Handlun=

lungen, und finden, daß Pest, Hunger, Krieg und theologische Streitigkeiten zum Besten des menschlichen Geschlechts seyn. Soviel ist wenigstens gewiß, daß alles, was in der Welt geschieht, der Geistlichkeit Vortheil verschaft; daraus kann sie billig schliessen, daß Gott bey allem, was er hiernieden thut, nur sie zum Endzweck habe.

Enthaltungen.

Sind von der Geistlichkeit vorgeschriebene sehr heilige Uebungen; sie bestehen darinn, daß man die Wohlthaten der Vorsehung nicht geniesset, da sie natürlicher Weise alle diese guten Dinge nur derowegen erschaffen hat, damit ihre geliebten Geschöpfe keinen Gebrauch davon machen sollen. Hieraus sieht man, daß die Geistlichkeit durch Vorschreibung dieser Enthaltungen die allzugroße Güte Gottes sehr weislich einschränkt.

Ent=

Entzückungen.

Sind heilige Ohnmachten, während welchen die frommen Mönche und Nonnen das Glück haben zu träumen, und Gespenster zu sehen. Gemeiniglich sind nur jene Personen diesen Ohnmachten unterworfen, die im Kopfe nicht mehr ganz richtig, oder listige Betrüger sind.

Erscheinungen.

Sind wunderbare Gesichte, welche diejenigen zu haben so glücklich sind, deren Gehirn in Unordnung geräth, die von der Hypochondrie geplaget werden, und an schlechter Verdauung leiden, oder die unverschämt lügen.

Erstattungen.

Man ist verbunden, das Uebel wieder gut zu machen, welches man begangen hat. Das beßte Mittel dazu ist für reiche Leute, der Geistlichkeit kostbare Geschenke zu machen, sie an prächtigen Tafeln zu bewirthen, und zum Erben des gestohlenen Gutes einzusetzen. Die Armen müssen aus Mangel dieser Verdienste strenge Buße thun. Qui non habet in ære, luat in pelle.

Erzbischöfe.

Ein in dem ersten Jahrhundert unbekannter Titel, den hernachmals die Demuth der geistlichen Hirten erfunden hat. Nachdem sie den Layen auf den Rücken gestiegen waren, versuchten sie es, einander nach und nach selbst auf den Rücken zu steigen, um desto besser zu sehen, was in dem Schafstall Christi vorgeht.

Erziehung (christliche).

Sie besteht in vielen christlichen Häusern darinn, daß die Kinder von einem unwis=

unwissenden Catecheten gelehret werden, unvernünftig zu reden; alles zu glauben, was man ihnen sagt, und alle diejenige zu hassen, die das nicht glauben, was sie glauben. Alles dieses aber geschieht nur aus der rühmlichen Absicht, dem Staate vernünftige, rechtschaffene und verträgliche Bürger zu bilden, hauptsächlich aber, um der Geistlichkeit demüthige Diener zu verschaffen. Nun will es mit dieser Erziehung nicht mehr recht fort, aber dafür schimpft man auch wacker wider das Aufklärer Gesinde.

Exorcismus.

Ist eine, den Dienern der Kirche allein eigene, rechtmäßige Gewalt über die Teufel. Durch Weihwasser, Worte und Ceremonien zwingt man den bösen Geist, die Körper zu verlassen, worinn er niemals war, oder die er um Geld bezogen hat.

Fasten.

Faſten.

Iſt die Enthaltung vom Eſſen, und ein ſehr verdienſtliches Werk; denn die Nahrung gab uns der Himmel nur derowegen, damit wir ſo wenig als möglich davon genieſſen ſollen. Wer nicht ſelbſt faſten kann, thut wohl, ſeine Leute für ſich faſten zu laſſen. Einer von den groſſen Vortheilen des Faſtens iſt, dasjenige zu ſehen, was uns die Aſceten zeigen wollen; wann der Magen leer iſt, ſo ſpuckt es im Kopfe.

Feſttage.

Sind gewöhnlich zu einem frommen Müſſiggange beſtimmt, welcher der Andacht allemal günſtig iſt. An einem ſolchen Tag kann ſich kein Handwerker ohne Verbrechen Geld durch ſeinen Fleiß erwerben, aber verſchmauſen oder vertrinken darf er das erworbene. Am beßten thut

thut man, den ganzen Festtag über Maulaffen feil zu bieten *).

Feuer.

Oft war die christliche Religion eine Religion voll Feuer. Die guten Christen mußten unaufhörlich von der Liebe zur Geistlichkeit brennen; die Geistlichen mußten vom Verfolgungseifer brennen; die Fürsten und Obrigkeiten mußten Ketzer oder Unglaubige verbrennen, und die Henker mußten unaufhörlich Bücher verbrennen. Dieses Feuer soll gleichwohl noch unter der Asche glimmen.

Fleisch.

Das Fleisch ist allemal dem Geiste entgegengesetzt. Man muß es peinigen, sagen

---

*) Diesen Ausdruck werden diejenigen am richtigsten zu erklären wissen, die an solchen Tagen auf den gangbaresten Plätzen mit offnem Munde die Vorbeygehenden anstaunen.

gen die Theologen, das ist ein unfehlbares Mittel den Geist aufzumuntern. Das Werk des Fleisches ist, wie ich sicher vermuthen kann, meinen Lesern nicht unbekannt; und der Stachel des Fleisches — ist — der Stachel des Fleisches.

Fleischlich.

Fleischlich sind jene Menschen, die nicht Geist genug besitzen, den Vortheil der geistlichen Güter einzusehen, dererwegen man ihnen räht, dem zeitlichen Glücke zu entsagen. Uiberhaupt hält man diejenigen für ganz fleischliche Menschen, die so unglücklich sind, aus Fleisch und Blut zusammengesetzt zu seyn, und gesunde Vernunft zu haben.

Fragen (theologische.)

Sind allemal lehrreich und erbauungsvoll. Z.B. Ob Adam einen Nabel gehabt habe? Ob der Apfel, den er gegessen, ein Borstorfer, oder Renette gewesen sey? Ob man glauben müsse, daß der Hund des Tobias mit dem Schwanze gewedelt habe? Ob die Bulle Unigenitus eine Glaubensregel sey? Ob der Sohn Gottes die Gestalt eines jeden, auch unvernünftigen Geschöpfes hätte annehmen können? Ob Christus bey seiner Geburt sich so klein gemacht habe, daß er ohne Verletzung der Jungfrauschaft Mariens habe zur Welt kommen können? ꝛc. ꝛc. ꝛc. Unter die theologischen Fragen kann man noch mit gutem Grunde die peinlichen Fragen der heiligen Inquisition zählen, welche wider die Ketzer erfunden wurden, um sie zu zwingen, ihre Meinung, die sie für unumstößlich wahr halten, zu verläugnen, und sie vom Gegentheil auf eine menschenfreundliche Art gründlich zu überzeigen.

Freya

Freyheit zu denken.

Sie muß auf das Strengste unterdrücket werden. Niemand ist der Geistlichkeit gefährlicher als die sogenannten Freydenker; denn da die Geistlichen besoldet werden, für uns zu denken, so ist es das größte Verbrechen selbst zu denken. Auch ist es unmöglich, Sitten zu haben, wenn man selbst denkt.

Furcht.

Ist der Grund aller menschlichen Wissenschaften; denn man schließt niemal vernünftiger, als wenn man sich fürchtet. Die Furchtsamen werden von der Geistlichkeit sehr geschätzet, und sie giebt sich alle Mühe, die Layen immer in Furcht zu erhalten; denn man man soll ihr prophezeyt haben, sie würde, wenn die Layen einmal Muth fassen sollten, unfehlbar den ihrigen verlieren.

Gedanken.

Wenn sie gut seyn sollen, müssen sie von den Theologen geleitet werden. Wer nicht wie sie denkt, hat in der andern Welt nichts Gutes zu hoffen, indem sie das ausschliessende Recht haben, für andere zu denken. Derowegen muß ein Seelenbeschauer sich eifrig angelegen seyn lassen, das Gewissen der Layen zu durchwühlen, aus Furcht, ihr Kopf möchte mit verbothenen Gedanken einen Schleichhandel treiben.

Geduld.

Eine moralische und christliche Tugend, die darinn besteht, jene Uibel, die man nicht verhindern kann, oder darf, mit Gelassenheit zu übertragen. Eine vorzügliche Pflicht der Geistlichkeit ist es, die Landesfürsten in der Geduld zu üben, weil sie gemeiniglich dem Eigensinne und der Ungeduld sehr unterworfen seyn sollen.

len. Wir wissen aus der Erfahrung, daß ihr dieses Unternehmen treflich gelungen habe, und daß die am heftigsten wider sie eifernden Fürsten sich von ihnen wieder mit aller Gelassenheit bey der Nase herumführen liessen.

Gehirn.

Um ein der Geistlichkeit ganz gefälliger Christ zu seyn, ist es höchst nöthig, keines, oder ein sehr schwaches Gehirn zu haben. Man kann durch Hilfe eines Gewissensraths, eines Lehrers oder eines Klosters seinen Kindern diesen wichtigen Vortheil verschaffen.

Gehorsam.

Es ist besser, Gott als den Menschen gehorchen, sagt die h. Schrift. Die Geistlichkeit hat es nicht selten so ausgerechnet, als ob man unter Gott seine Diener verstehen soll. Dadurch bewies sie,

daß

nur in soferne gehorchen müsse, als der Wille daß ein guter Christ seinem Landesfürsten des Fürsten von den Geistlichen gutgeheissen wird. Diese Auslegung soll der öffentlichen Ruhe ungemein zuträglich gewesen seyn.

Geißel.

Ist ein von Schnüren oder Dratt verfertigtes Zuchtwerkzeug; wenn man damit den Leib berührt, befindet sich die Seele ungemein wohl.

Geißelungen.

Sind fromme und heilsame Züchtigungen vollkommener Christen, um ihr Fleisch zu peinigen, ihren Geist aufzustäupen, und ihre Sünden durch gewaltsame Aderläße abzubüssen. Wenn man bey Gelegenheit seinem Nachbar einen Streich mit der Peitsche anhängen kann, so ist das Verdienst doppelt.

Geist.

Geist.

Jedermann weis, was ein Geist ist, nämlich: keine Materie. So oft man also nicht weis, wie eine Ursache wirkt, darf man nur sagen, diese Ursache sey ein Geist, damit ist alles klar und deutlich, was geschieht, und man erspart dabey das lästige Studium der Natur.

Geistesarmuth.

In der Sprache der ungezogenen Weltkinder sind die Armen am Geiste Schwachköpfe, aber in der Sprache der Theologen sind sie verständige Leute, die hier geflissentlich Schwachköpfe seyn wollen, um dereinst im Paradiese zu glänzen. Derowegen liebt die Geistlichkeit auch diese Schwachköpfe so sehr, daß sie sich ganz mit den zeitlichen Gütern dieser Leute abgiebt, um ihnen jedes Hinderniß ihres Heils aus dem Weg zu räumen.

Geiz.

Geiz.

Eine Todsünde bey den Layen, die sich allemal großmüthig gegen die Geistlichkeit bezeigen müssen; diese hingegen darf und kann nicht großmüthig seyn, weil ihre Güter Gott zugehören, die sie kein Recht hat, an die Layen, die leicht dadurch verderbt werden könnten, zu verschwenden.

Geld.

Ist eine Quelle der Laster bey den Layen; die Geistlichkeit muß alle ihre Kräfte anwenden, um die Gläubigen von dieser Last zu befreyen, damit sie um so leichter den Weg des Heils wandeln. Christus wollte nicht, daß seine Apostel Geld annehmen sollten: allein man hat nach der Zeit für gut befunden, davon abzugehen. Heut zu Tage heißt es: Wo kein Geld ist, bleiben die Geistlichen weg. Dieß geschieht alles, um zu erfüllen, was da geschrieben steht: Der Priester soll das Geld berechnen. Lev. 27., 18.

Gelindigkeit (evangelische.)

Ist eine geschickten Missionarien angebohrne Eigenschaft, und besteht darinn, daß man den Glauben mit Härte, Drohungen, Strafen und Regimentern fortpflanzet, ganz allein aus der Ursacht, um die Irrenden durch Sanftmuth zu dem Christenthum zu locken, dadurch die Lehre des Heilandes liebenswürdig zu machen, und seinem Beyspiele zu folgen. Die Hugonoten in Frankreich hatten Dragoner zu Missionarien, und man kann deren evangelische Gelindigkeit noch bis auf den heutigen Tag nicht genug anrühmen.

Geschenke.

Sind Gaben, welche die Geistlichkeit aus bloßer Güte von den ungeweihten Hän=

Händen der Layen großmüthig annimmt. Sie hat große Aehnlichkeit mit dem Aldobrandin, der viel von Geschenken hielt, nicht um selbst dergleichen zu machen, sondern weil er sie gern annahme Alles, was man Gott giebt, gehört der Geistlichkeit. Dabunt Domino, & erit Sacerdotis. Num. 5, 8.

Geschenke (freywillige.)

Vermöge göttlichen Rechts ist, wie alle grundgelehrte Theologen behaupten, die Geistlichkeit dem Staate nichts schuldig. Wenn sie einige Steuern giebt, so ist es bloße Gefälligkeit; sie lebt nur im Staate, um beschützet, geachtet und bezahlt zu werden. Der Staat hat Ehre und Vortheil genug davon, wenn sie ihn ihrer Gegenwart würdiget, lateinisch für ihn bethet, ihn durch ihre theologische Streitigkeiten öfters in Verwirrung setzt, ihn mit ihrem Lichte erleuchtet, und ihn der Bürde seiner Reichthümer entlastet.

Gespenster.

Die starken Geister wollen nicht daran glauben, aber ein guter Christ darf sie nicht läugnen. Die Geistlichkeit hat alle Ursache, für das Daseyn der Gespenster zu eifern: denn diese setzen das Volk in Furcht, und ein furchtsamer Mensch ist das lenksamste und gläubigste Geschöpf auf Gottes Erdboden.

Getreu.

Sind jene Christen, die der Geistlichkeit ganz ergeben sind. Den Landesfürsten aber darf man, wie bekannt, nur alsdann getreu seyn, wenn sie selbst der Geistlichkeit getreu sind, das ist, wenn sie ihre Befehle demüthig vollziehen. Den Beweis davon giebt die Schriftstelle: Jederman sey der Obrigkeit unterthänig.

Gewalt.

Ist eine zur Unterstützung des wahren Glaubens, und zum Gedeihen der Religion höchst nothwendige Tugend. Sie besteht bey der Geistlichkeit darin, daß sie durch alle Arten von Mitteln diejenigen, welche eigensinnig auf einer andern Meinung beharren, zwingt, wie sie zu denken. Bey den Layen aber besteht sie in dem, daß sie mit Eifer den Eingebungen der gesunden Vernunft widerstehen, und mit Standhaftigkeit das Joch der Priester des Herrn tragen.

Gewissen.

Ist das Urtheil, welches wir über unsre Handlungen in uns selbst herumtragen. Bey den Prophanen wird es durch die Vernunft geleitet; bey den ächten Christen aber durch den Eifer und die Unterwürfigkeit, die man den Geistlichen schuldig ist, bestimmet. So geschieht

schieht es mehrmalen, daß ein solches Gewissen die Andächtler verpflichtet, boshaft zu seyn, und die menschliche Gesellschaft in Unordnung zu bringen.

Gewissensängstigkeiten

Sind heilsame Beunruhigungen des Geistes, welche die Gewissensräthe der Bethbrüder und Bethschwestern in ihren großen Seelen zu erwecken trachten, um das Vergnügen zu haben, die Ruhe auf deren Kosten wieder herzustellen. Bey Handlungen, welche der Gesellschaft schädlich sind, ist es eben nicht nöthig, sehr gewissensängstig zu seyn, indem dergleichen Handlungen den frommen Seelen wenig am Herzen liegen.

Gewissensrath.

Ist ein heiliger Mann, der sich zum Geschäfte macht, reichen und andächtigen
Wei=

Weibern an die Hand zu gehen, ihr kleines Gewissen in Ordnung zu bringen, ihre kleinen Zweifel aufzulösen, ihre kleinen Gewissensängstigkeiten zu stillen, ihre kleinen Sünden abzuwiegen, um sie in den Stand zu setzen, eine gute kleine Beicht abzulegen: oft geschieht es auch, daß er, statt alles in Ordnung zu bringen, ihr ganzes Hauswesen in Verwirrung setzt.

Gewißheit.

Von Seite der Religion besteht sie in der Augenscheinlichkeit, daß kein Gesalbter des Herrn weder sich selbst, noch die Layen jemals betrügen kann. Daraus sieht man, daß die theologische Gewißheit viel besser als physische gegründet ist, weil diese nur unsre Sinne zu Bürgen hat, die sehr leicht betrogen werden können.

Glo-

Glocken.

Sind theologische, oder tönende Instrumente, die bestimmt wurden, die Lebendigen zu betäuben, und die Todten zur guten Bezahlung einzuladen. Die Glocken sind gute Christen, weil sie getauft werden; es ist auch zu vermuthen, daß sie immer noch die durch die Tauf erlangte Unschuld erhalten haben; ein Vortheil, der den meisten Christen mangelt.

Gott.

Dieses Wort heißt manchmal soviel als Priester; in diesem Verstande ist also öfters das Wort Gottes eigentlich das Wort der Priester, die Ehre Gottes der Stolz der Priester, der Wille Gottes der Wille der Priester: Gott beleidigen heißt also nicht selten, die Priester beleidigen. Wenn man nun sagt, Gott sey zornig, so muß man in diesem Falle darunter verstehen, daß die Priester bey übler Laune sind.

sind. So wäre freylich die Theologie die deutlichste aus allen Wissenschaften; und so gäbe es auch keine wahre Atheisten, weil man, ohne blödsinnig zu seyn, das Daseyn der Geistlichkeit nicht läugnen kann, indem sie es uns auf alle mögliche Art nachdrücklich fühlen lassen.

Gottesdienst.

Bey den meisten Christen besteht er in einer Menge aufeinander folgender Ceremonien, oder Bewegungen des Körpers und der Lippen, die alle unumgänglich nothwendig sind, um selig zu werden. Es ist eines der größten Verbrechen, wenn man dieses von der Geistlichkeit ausgedachte Ceremoniel vernachlässiget, und die Komplimente unterläßt, die ihrer Eitelkeit schmeicheln. Das wahre Ceremoniel können nur diejenigen vorschreiben, die das Recht haben, jeden verbrennen zu lassen, der sich nicht nach ihnen richten will.

Gotteskasten.

Ist die Kasse der Geistlichkeit. Darinn werden, wie man weis, die Schätze und Kostbarkeiten der ganzen christlichen Gemeinde aufbehalten. Die Landesfürsten, die oft ganz nahe dabey sind, würden, wenn sie keinen Glauben hätten, der sie zurück hielte, manchmal stark versuchet werden, darein zu greifen. Indessen könnten sie, wenn sie sich zu helfen wüßten, dieses Abentheuer ohne Gefahr bestehen. Gott soll, wie man sagt, nicht ungeneigt seyn, diese Schätze zu einem bessern Gebrauche verwenden zu sehen.

Härtigkeit.

Man wirft nicht wenigen Geistlichen gewöhnlicher Weise eine gewiße Härtigkeit vor; vermuthlich weil man nicht weis, daß sie eine Wirkung der erhabnesten Tugend ist. Ein ächter Geistlicher muß vollkommen unempfindlich seyn. Leider sind noch viele zu menschlich, weil ihnen die Fähigkeit mangelt, ein eisernes Haupt mit einem ähernen Herzen zu verbinden. Wenn wir uns gut befinden, muß uns die ganze Welt gleichgültig seyn. Bey den Todtenbettern sieht man hauptsächlich diesen geistlichen Stoicismus glänzen.

Handelschaft.

Sie ist den Geistlichen verboten; indessen konnten sie doch einen kleinen Gewinn von 100 pro Cento aus den seltenen Waaren ziehen, die sie aus der neuen Welt brachten. Dieß heißt sein Geld gut anlegen. Christus verjagte die Handelsleute aus dem Tempel, aber die waren vermuthlich nur Layengesinde; es wird also bloß der Geistlichkeit erlaubt gewesen seyn, aus dem Hause des Herrn einen Krammladen zu machen.

Haß.

Haß.

Eine lobenswürdige und jedem eifrigen Christen nothwendige Empfindung, wenn es die Theologen für nöthig finden, einen Haß wegen der Sache Gottes zu erwecken: so nennen sie ihren eigenen Vortheil. Ein Andächtiger kann also auf ihr Wort im Gewissen denjenigen hassen, der seinem Beichtvater mißfällt. Die Beweise davon werden aus der christlichen Liebe hergeleitet.

Hausbeichtvater.

Ist oft ein frommer Mann mit einem krummen Hals, und gewöhnlicher Weise sehr genäschig. Sein Geschäft besteht darinn, sich in Familiensachen zu mischen, Zweifel zu erregen, die Eheleute untereinander zu hetzen, die Kinder und Dienstleute zu plagen, und das Gehirn der Andächtigen zu verrücken, um sie desto sicherer auf dem Wege des Heils zu führen.

Heiligsprechung.

Ein feyerliches Ceremoniel, wodurch der römische Bischof öffentlich bekannt macht, daß ein Mensch im Paradiese sey, der vor hundert Jahren Wunder gewirket haben soll; daß man ihm zu Ehren Kerzen brennen, und den Mönchen, seinen Mitbrüdern, prächtige Tafeln geben dürfe. Diejenigen, denen der Ruhm dieses Heiligen zu Herzen geht, bezahlen alles.

Henker.

War vor Zeiten der beßte Christ im Staate, und der rechtgläubigste Bürger. Er war ein Freund der Geistlichkeit, der eifrigste Vertheidiger des Glaubens, der sicherste Ausrotter der Ketzereyen, und schafte den Priestern, folglich der Sache Gottes, den größten Nutzen. Man sagt, es gäbe noch manche Geistliche, die jene christliche Zeiten zurück wünschen, und daß es nicht ihre Schuld sey, wenn der

Henker keine geistlichen Geschäfte mehr zu verrichten hat.

Herrschsucht.

Der Stolz oder die Herrschsucht sind den Dienern der Kirche glücklicher Weise unbekannte Leidenschaften; ihr Reich ist nicht von der Welt, es ist ganz geistig. Indem sie sich begnügen, über den Geist zu herrschen, so haben sie nicht zu fürchten, daß sich der Körper, die bloße Geisteshülle, ihrem heiligen Willen jemals widersetzen werde.

Hochmuth.

Ist eine hohe Meinung, die wir von uns selbst hegen. Die Diener der Kirche sind dieser Schwachheit nicht unterworfen. Die Päpste, welche die Könige oft wie Schulknaben behandelten, waren derowegen doch nicht hochmüthig, denn sie nann-

nannten sich die Diener aller Diener. Dieß ist Beweis genug, daß die Geistlichen keinen Hochmuth besitzen, oder daß sie es nur bey guter Gelegenheit wagen, ihn zu zeigen.

Hornisse.

Sind bösartige Insecten, die den Bienen ihren Honig rauben, und in dem Korb, wo diese arbeiten, alles in Verwirrung setzen. Die Kapuzenartigen sollen, wie man sagt, die gefährlichsten seyn.

Jansenisten.

Werden für unächte Katholiken gehalten, die dem heiligen Vater zum Troß mit aller Gewalt für Rechtgläubige wollen angesehen seyn. Sie sind sehr gelinde und sanftmüthig, wo sie nicht die Stärksten sind; nur wenn sie die Gewalt in Händen haben, erbittert sie ein wenig der Eifer für die Sache Gottes. Ungeachtet ihrer strengen Sitten erheitert sich ihre Stirne doch manchmal, wenn sie die glänzenden Wunder sehen, die der Himmel alle Tage in Geheim ihnen zu Liebe wirkt; oder wenn sie hören, daß die Landesfürsten den römischen Bischof ein wenig in die Enge treiben.

Jesuiten.

Sehr schwarze und sehr kriegerische Geistliche, die vor mehr als 200 Jahren gekommen sind, die schwankende Macht des römischen Hofes zu unterstützen. Man nannte sie die Janitscharen des Papsts, dem sie selbst oft ein böses Spiel machten. Bey ihnen soll ein gewisser Dolch in Verwahrung gewesen seyn, dessen Griff zu Rom bey dem Janitscharen Aga war. Der P. Malagrida hat, wie der Ruf gieng, die Klinge davon in Portugal verloren, wodurch seine Mitbrüder gefährlich

lich verwundet wurden. Diesen Orden hob Ganganeli vor 17 Jahren auf, und die armen Geistlichen sind so ganz vertilget worden, daß keine Spur mehr von ihnen zu entdecken, und sogar ihr Andenken von der Erde verschwunden ist; denn die Exjesuiten sind ganz andere Menschen, und in Mohilof? — Das sind lauter Lügen und Erdichtungen ihrer Feinde. (Sieh Schwert.)

Inquisition.

Ist ein heiliges Gericht, weil es aus Priestern und Mönchen besteht, von keiner bürgerlichen Gewalt abhängt, und höchst billig das Recht erhalten hat, in seiner eigenen Sache ohne Appellation zu richten, und diejenigen verbrennen zu lassen, die dawider klagen. Durch Hilfe dieses h. Gerichts haben die Fürsten, die es schützen, den Vortheil erhalten, fromme, arme, und solche Unterthanen zu besitzen,

sitzen, die alle Augenblicke bereit sind, es mit der Geistlichkeit wider die weltliche Macht zu halten. Es ist wohl schade, daß man bisher in Deutschland den Nutzen von diesem h. Gerichte nicht eingesehen hat.

Interdict.

Eine schreckliche Strafe, womit die Häupter der Kirche manchmal die Unterthanen jener Fürsten belegen, die sie zurecht weisen wollen. Sie besteht darinn, die Völker des Gottesdiensts, der Ceremonien und der geistlichen Gnaden zu berauben, und sie dadurch zu Empörungen zu reizen. Vormals wurde dieses Mittel wider die Ungelehrigkeit der Landesfürsten mit Vortheil gebraucht; allein seitdem der Glaube auf Erden erkaltet ist, hat dieses Mittel seine Kraft verloren.

Irrthum.

Ist jede Art zu denken, die mit den Meinungen der Geistlichkeit nicht übereinstimmt, in die wir unser Vertrauen setzen müssen. Es giebt kein unverzeihlicheres Laster, als wenn man sich irrt; dieß wird, wie billig, mit der äussersten Strenge bestrafet. Die schicklichste Strafe dafür ist das Feuer, weil es denjenigen nachdrücklich aufklärt, und auf den rechten Weg führt, der dumm genug ist, sich zu irren. Bey dermaliger Holztheurung sucht man nur durch Verfolgungen, Verläumdungen und Untergrabungen, durch Hunger und Durst die Irrenden zu belehren.

Jubileum.

Ist die Zeit der Ergötzung und Lustbarkeit, die der Papst seinen Schäflein anweiset, um sich auf der geistlichen Wiesen durch tausend angenehme Unterhaltungen

gen zu belustigen, welche jederzeit nicht wenig beytragen, daß die Felder des römischen Hofes gut gedünget werden.

Kanzel.

Ist bey den Christen die Büchse der Pandora. Sie ist jene Rednerbühne, wo die heiligen Redner die ihnen nützlichsten Lehren vortragen. Von ihr entspringen manchmal Ketzereyen, Aufruhren, Verschwörungen und Religionskriege, die zur Unterhaltung der Völker und Aufmunterung zum Glauben höchst nothwendig sind.

Kaputze.

Eine Kappe von Wolle, die bestimmt ist, das Genick und die in einen Mönchskopf verschlossenen Wissenschaften zu bedecken. Die Gestalt dieser Kappe hat, wie man weis, große Streitigkeiten in der Kirche erreget, und viele Mönche um ihre Köpfe gebracht.

Kapuziner.

Ist ein sehr unreinliches Geschöpf, voll Läuse und Unwissenheit, in seinem Kloster singt es durch die Nase, auf der Gasse aber erscheint es zur Erbauung der alten Weiber, und zum Schrecken der Kinder.

Kasteyungen.

Sie bestehen in sinnreichen Mitteln, welche die vollkommenen Christen ausgedacht haben, sich selbst zu peinigen, um dem Gotte der Güte zu gefallen. Diese Bußwerke haben noch dazu den Vortheil, daß jene, die Zeugen von diesen erstaunlichen Thorheiten sind, die Augen gewaltig darüber aufreissen; und denen scheinen sie vorzüglich sehr weislich ausgedacht, welche die vollkommene Einfalt des Glaubens haben.

Keuschheit.

Ist eine Tugend, worinn sich die Priester, Mönche und Nonnen in allen Ländern sehr streng üben; diese Pflicht wird vorzüglich genau von ihnen beobachtet, denn ihre Gelübde haben sie vor allen bösen Anreizungen gesichert, denen die Layen so sehr unterworfen sind.

Kirchenbann.

Ist die geistliche Artillerie. Sie besteht aus Geistesmörsern und Kanonen, die mit Flüchen und Verwünschungen geladen sind; die Häupter der Kirche haben das Recht, sie auf die Seelen derjenigen abzufeuern, welche so verwegen sind, ihnen zu mißfallen. Diese metaphysische Artillerie verwundet auch die Körper, wenn sie von der physischen unterstützt wird, die man in den Zeughäusern der weltlichen Fürsten findet.

Kirchendiener.

Sind Leute, die eben sowohl wie die Geistlichen vom Altar leben. Man versichert, daß sie nicht selten auch geweihtes Brod in ihrer Suppe essen.

Kirchenfreyheiten.

Sind Freyheiten, die Gott seinen Dienern soll verliehen haben. Kraft dieser Freyheiten hat kein Landsfürst das Recht ihnen zu befehlen, sie können ganz nach ihrem Geschmacke leben, und dürfen nicht wie die Layen zu den Bedürfnissen der Gesellschaft das Ihrige beytragen. Es giebt kein größeres Verbrechen als die Antastung dieser Freyheit; die Fürsten werden dafür entweder mit Aufruhr oder Verrätherey bestrafet.

Kirchengeschichte.

So nothwendig die Lesung dieser Geschichte der Geistlichkeit ist, so schädlich ist

ist sie den Layen; denn diese könnten wohl nicht immer einen so starken Glauben haben, daß sie nicht von den Handlungen ihrer Religionslehrer öfters geärgert werden sollten. Den sogenannten Aufgeklärten ist diese Lesung schlechterdings zu verbieten, wenn sie nicht Unrath merken sollen.

Kirchhöfe.

Sind geweihte und offene Oerter, wo man den verstorbenen Christen erlaubt, in freyer Luft zu faulen, wenn sie nicht Geld genug haben, um sich das Recht zu erkaufen, mit ihren Ausdünstungen die Lebendigen in einer Kirche anstecken zu dürfen. Da die Reichen nicht leicht ins Paradies kommen, so ist billig, ihnen, wehrend dem sie auf das letzte Gericht warten, für ihr Geld eine gute Wohnung zu verschaffen.

Kirchenzucht.

Sie besteht in heilsamen Anordnungen, welche die Diener des Herrn vortheilhaft für sich finden, und die sie nach Belieben ändern, um sich nach den unveränderlichen Gesinnungen der Gottheit zu richten.

Kloster.

Ist ein heiliger Ort, wo man Mönche oder Nonnen unter dem Schlüßel hält, um sie von der Gesellschaft abzusöndern. Nur dann läßt man sie unter das Publikum, wenn es darauf ankömmt, geistliche Steuern von dem Volke zu heben, die mit baarem Gelde müssen bezahlet werden. Die Nonnenklöster sind eine sehr heilsame Erfindung, um die Familien, und besonders die Majoratherren von ihren überlästigen Schwestern zu befreyen. Diese heiligen Häuser dienen übrigens

zur

zur Erziehung des schönen Geschlechts, das ist, um leichtgläubige, furchtsame und unwissende Andächterinnen zu bilden, von denen nur die Geistlichkeit Nutzen ziehen kann.

Klugheit.

Ist eine Tugend, womit ein Laye bey der Geistlichkeit sein Glück nicht machen wird. Sie lieben das Gegentheil dieser Tugend, welches darinn besteht, daß man sich bey der Nase zu demjenigen Ziel führen lasse, welches sie uns ausgestecket haben.

Königsmord.

Sind väterliche Ermahnungen der geistlichen Macht, welche sie manchmal den weltlichen Fürsten geben läßt, wenn diese für die Diener der Religion nicht jene Ehrerbietigkeit haben, die sie ihnen

als

als treugehorsamste Söhne schuldig sind. Aod, der sich seiner linken Hand so gut als seiner rechten gebrauchen konnte, gab schon im alten Testamente das unter dem Gesetze der Nächstenliebe so nachahmungswürdige Beyspiel, daß nichts rechtmässiger sey, als Tyranne zu ermorden. Die weltliche Macht wagt es freylich wohl, sich über diese väterliche Züchtigung zu beschweren; aber sollte sie denn nicht wissen, daß bey den alten Römern die Väter das Recht hatten, ihre Kinder umzubringen? Sträuben Sie sich nicht, sagte der Henker zum Don Carlos, alles, was mit Ihnen geschieht, ist zu Ihrem Besten.

Kreuz.

Ist das Zeichen und die Fahne des Heils. Sein Kreuz tragen heißt, sich auf eine andächtige Weise quälen, und heimlich darüber murren. Wenn man eben
nichts

nichts bessers zu thun weis, so ist es gut, andere zu quälen, damit man ihnen hilft, durch Kreuztragen das Paradies gewinnen.

Kreuzzüge.

Waren heilige Kriege, welche die römischen Bischöfe befohlen hatten, um Europa von einer Menge andächtiger Müssiggänger zu befreyen, die, um von dem Himmel Nachlassung derjenigen Sünden zu erhalten, welche sie zu Hause begangen hatten, in das gelobte Land reisten, um alldort neue zu begehen.

Kutte.

Eine heilige Mönchskleidung. Durch erstaunungsvolles Wunder theilt dieses Kleid jenen, die es tragen, alle Tugenden, vorzüglich aber die Gabe der Enthaltsamkeit mit. Ein Laye, der sich in einer

einer Kutte begraben läßt, kann sichere Rechnung auf den Himmel machen.

Landesfürsten.

Sind die Oberhäupter der Nationen, und Diener der Priester, die in einem Lande, wo das wahre Christenthum noch in seiner Reinigkeit ist, niemand unterworfen sind, und jedermann beherrschen müssen. Die Fürsten sind nur da, um die Geistlichkeit zu vertheidigen, ihre Meinungen und Rechte geltend zu machen, und hauptsächlich ihre Feinde auszurotten.

Last.

Die Last des Herrn ist leicht, vorzüglich für die Priester; denn sie lassen die Layen diese für sich tragen, und derowegen werden sie davon nicht müde. Nach der Meinung des h. Hieronimus sind eigentlich die Priester die Last des Herrn. Sacerdotes onus Domini sunt.

F　　　Layen.

Layen.

Sind Ungeweihte, und öfters die Lastthiere der Geistlichkeit. Das Sonderbareste ist dabey, daß sonst gewöhnlich der Reuter seinen Grauschimmel nährt, hier aber der Gebrauch es mit sich bringt, daß dieser jenem die Nahrung verschaft.

Legenden.

Sind erbauliche, lehrreiche, unschuldvolle Geschichten, welche allemal die reine Wahrheit zum Grunde haben. Die Sittenlehre, welche sie vortragen, ist einzig in ihrer Art, und besteht hauptsächlich darinn, daß Kinder ihren Eltern, Verlobte ihren Verlobten, Männnr ihren Weibern entlaufen, und sich dem beschaulichen Leben widmen sollen, damit ja das gemeine Wesen keinen Vortheil mehr von ihnen ziehen könne, weil sie alle Bürgerpflichten mit Füßen treten müssen. Leider

der sind sie keine gangbare Lectüre mehr, seitdem einige kritische starke Geister die Leichtgläubigkeit der Frommen vermindert haben.

Leichenreden.

Sie werden meistens zur Ehre der Großen gehalten, die, wie man weis, nach ihrem Tode allemal bewundernswürdige Menschen sind. Die Leichenredner können niemals lügen, weil sie auf der Kanzel der Wahrheit sitzen.

Leichtgläubigkeit.

Jeder ächte Christ muß in dieser glücklichen Einfalt leben, welche ihn vorbereitet, die abergläubigsten und unglaublichsten Dinge ohne Untersuchung auf das bloße Wort seiner geistlichen Führer zu glauben; denn jeder aus ihnen ist augenscheinlich ganz unfähig, sie selbst zu betrütrügen, und kann also noch viel weniger andere irre führen.

Leidenschaften.

Sind zur Erhaltung des Menschen nothwendig, und kleben seiner verderbten Natur an. Ein Christ soll keine Leidenschaften haben, ausser die ihm seine Theologen einflössen. Die Leidenschaften unterdrücken heißt bey der Geistlichkeit eigentlich so viel, daß man es ad notam nehmen, und wenn man stark und sicher genug ist, sie wie Ungewitter wolle ausbrechen lassen.

Liebe (christliche.)

Ist die größte aller Tugenden. In den ersten Zeiten des Christenthums soll sie darinn bestanden seyn, Gott über alles, und seinen Nächsten wie sich selbst zu lieben. Dermalen ist es genug, wenn man
nur

nur die Geiſtlichkeit, und unſere ihr ergebene Brüder liebt; auſſer dieſem Falle iſt es Pflicht, jeden, der es nicht mit ihr hält, zu verfolgen, und wenn die Noth an Mann kömmt, auch um das Leben zu bringen. Die wahre und weſentlichſte Liebe beſteht darinn, ihr auf dem Todbette ſein Vermögen zu vermachen, um ſicher in den Himmel zu kommen.

Lobgeſang.

Wenn ein chriſtlicher Fürſt im Kriege ſo glücklich iſt, daß er einige Tauſende von ſeinen Feinden erleget, ihre Städte und Dörfer verwüſtet, und ein ganzes Land zu Bettlern gemacht hat, ſo erlaubt ihm die Geiſtlichkeit, dem allgemeinen Vater der Menſchen, und ſeinem Sohne dem größten Menſchenfreunde auf Erden feyerlich dafür zu danken, und ihn zu bitten, bey dieſem Mordgeſchäfte ihm auch in Hinkunft fleißig beyzuſtehen; denn ſie ſtützt

stützt sich auf die Schriftstelle: Nicht den Frieden, sondern das Schwert bin ich zu bringen gekommen. So muß man die Schrift auszulegen verstehen.

Logik.

Ist bey den Ungeweihten die Kunst zu denken; bey den Theologen ist sie die Kunst, selbst unverständlich zu seyn, oder den Verstand Anderer zu verwirren. Die Logik der Theologen überzeugt dann am besten, wann sie ihre Gründe mit Musketten und Kanonen unterstützen kann.

Macht (geistliche.)

Vermöge des Beyworts sollte diese Macht nur auf die Geister wirken; allein durch ein unbegreifliches Wunder wirkt sie nicht minder auf die Körper; oft hat sie die politischen Körper so gewaltig erschüttert, daß sie es durch Jahrhunderte nicht ver=

vergessen konnten. In jedem christlichen Staate giebt es zwo Mächte, die einander zum unausbleiblichen Wohl der Völker, welche nicht wissen, woran sie sich halten sollen, nicht selten in die Haare gerathen: sind nun die Unterthanen der Andacht ergeben, so ist die bürgerliche Macht, wie billig eine unterthänigste Dienerinn der geistlichen, die ihr dann sehr arg mitspielt, und sie es fühlen läßt, welch ein Vorzug es sey, unmittelbar von Gott abzuhangen.

Melchisedech.

Ein Priester des Herrn, ohne Vater und Mutter. Viele unsrer Geistlichen, die sich aus Frömmigkeit von allen Banden des Blutes losmachen, haben in diesem Priester ein Sinnbild für sich finden wollen. Ein solcher muß weder an seinem Vaterlande, noch an seiner Familie hangen, wenn es um die Sache der Geistlich=

lichkeit zu thun ist. Per calcatum perge Patrem, per calcatam perge matrem, & ad crucis singnum evola, sagt ein frommer Mann. Man sieht also hieraus, wie sehr bey diesen Lehren die kindliche, und überhaupt die Menschenliebe gewinnen muß.

Mensch.

Der gewöhnliche Mensch ist ein Thier, das aus Fleisch und Beinen besteht, auf zwey Füssen geht, fühlt, denkt, und schließt. Nach der Lehre der weisen Asceten aber muß der Mensch weder fühlen, noch denken, noch schließen. Er sollte sogar, wenn er es recht gut machen wollte, auf vier Pfoten gehen, damit ihm seine Lehrer desto leichter auf den Rücken steigen könnten. Der alte Mensch ist der Mensch in seinem natürlichen Zustande, das will sagen, ein verderbter Mensch, der böse genug ist, sein Wohl zu lieben,
und

und schwach genug, es zu suchen. Die Asceten haben ihr Mögliches gethan, den alten Menschen zu vernichten; allein bisher haben sie noch all ihr Latein dabey verloren; wir wollen sehen, wie sie in der Folge mit Ehre davon kommen werden.

Menschlichkeit.

Ist eine Tugend der weltlichen Sittenlehre, die man nothwendiger Weise ersticken muß, wenn man ein eifriger Geistlicher seyn will. Sie vergleicht sich selten mit den Vortheilen der Religionslehrer, die bey der Menschlichkeit allzuschlecht stehen würden. Auch sind diese Männer mit den Vortheilen des Himmels so sehr beschäftiget, daß ihnen wenig Zeit übrig bleibt, an die Vortheile des menschlichen Geschlechts zu denken.

Meuchelmord.

Ist bey den Layen ein schweres Verbrechen, aber nicht immer bey der Geistlich=

lichkeit. In einigen Gegenden haben sie das Recht, nach Gutbefinden zu tödten, ohne daß sie von der gewöhnlichen Gerichtsbarkeit darüber dürfen zur Rede gestellet werden. Man weis ja, daß die Geistlichkeit ohne Bedenken die Ketzer, Tyrannen und Ungläubige ausrotten, oder sie wenigstens dem weltlichen Arm ausliefern kann, weil sie das Blut verabscheut.

Mißbräuche.

Manchmal schleichen sich einige ungeachtet aller Sorgfalt der Geistlichkeit in die Kirche ein. Machen sie bey den Layen zu viel Lermen, so hilft man sich damit, daß man dergleichen thut, als wenn man mit größtem Eifer an ihrer Verbesserung arbeitet; indessen bleibt alles beym Alten. Uebrigens bemerken nur die Freydenker diese Mißbräuche; diejenigen, die einen großen Glauben haben, bemerken sie niemals.

Missi=

Miſſionarien.

Sind fromme Werber, welche auf die Gefahr, ihr Leben zu verlieren, in fremde Länder reiſen, um Seelen, und, wie die Spötter ſagen, ihrem Orden Reichthümer zu gewinnen. Die Miſſionarien in Europa waren Friedensprediger, die das Volk von ſeinem Pfarrer abwendeten, und ſo viel Unſinn predigten, daß mancher Pfarrer ſein ganzes Leben über das nicht wieder gut machen konnte, was dieſe Herren verdorben hatten.

Mond.

Iſt ein Planet, wo, wie man verſichert, alles hinkömmt, was hier verloren geht. Die Bethſchweſtern werden allda mit der Zeit ihren Verſtand, ihre geſunde Vernunft, und hauptſächlich ihre Thaler wieder finden, die ſie ihren Gewiſſensräthen ſchenkten. Indeſſen hat der
Mond

Mond einen ungemein großen Einfluß auf sie und andere Schwachköpfe, die, wenn er im Wachsen ist, sehr wunderlich und veränderlich werden.

Mönche.

Dieser Name bedeutet jeden Christen, der sich auf eine von dem Ordensstifter vorgeschriebene Art dem Dienste Gottes widmet; oder der sich berufen zu seyn glaubt, auf Kosten der arbeitenden Bürger zu leben, damit er, ohne zu arbeiten, leben kann. Hieraus sieht man, daß sie der Gesellschaft über die maßen nützlich sind, denn sie dürfen täglich Steuern von ihr fodern, wenn sie selbst keine liegenden Gründe haben. Sie sind die Stütze und das Licht der Kirche. Die Nazionen, welche das Glück nicht haben, sie zu besitzen, werden reich, und also schwer in Himmel kommen. Man hat sie von allen Farben.

Mönchsorden.

Sind verschiedene Regimenter von Mönchen, die als Volontaires bey der päpstlichen Armee dienen. Sie sollen die Völker wider die Angriffe der bösen Geister schützen. Seit dem Ganganelli sein Grenadierkorps abgedanket hat, kann die übrige Infanterie den Papst wider den bösen Geist der Landesfürsten kaum mehr vertheidigen.

Molinisten.

Sind Leute, die von der Gnade ganz andere Begriffe als die Jansenisten haben, und die von Seite der Moral mit sich handeln lassen. Die Höfe, die eben keine Freunde strenger Lehren sind, waren stets mehr den Molinisten geneigt. Die Geistlichkeit ist gemeiniglich von der Meinung desjenigen, von dem sie ihre Beförderung erwartet; und weil die Höfe

gewöhnlich die meisten Beneficien zu ver=
geben haben, so finden sich auch allemal
mehr Molinisten als Jansenisten.

Müssiggang.

Ist die Mutter aller Laster. Wenn
keine Geistliche wären, so würden die
Layen dem Müssiggang zu sehr nachhän=
gen, und lauter Taugenichts werden.
Nur barum also widmen sich die Mönche
dem müssigen und beschaulichen Leben,
damit die Lastenzahl der Layen vermin=
dert werde; denn daburch werden die
Layen gezwungen, für sich selbst, und
auch für die Mönche zu arbeiten, welches
ihnen wenig Zeit zum Müssiggehen übrig
läßt.

Neugierde.

Ist eine sehr große Sünde. Wegen
der Neugierde eines Weibes wurde das
ganze

ganze menschliche Geschlecht bestrafet. Am größten versündiget man sich durch die Neugierde, wenn man es wagt, die Handlungen der Geistlichkeit auszukundschaften, und nach ihrem Vermögen zu forschen.

Ordensgelübde.

Die Ablegung der Ordensgelübde ist eine feyerliche Ceremonie, wodurch ein Jüngling oder Mädchen dem Himmel versprechen, daß sie ihre ganze Lebenszeit hindurch der Gesellschaft unnütz, und bis in den Tod bey diesem frommen Entschlusse verharren wollen, sich und ihre Mitbrüder und Mitschwestern von ganzem Herzen zu quälen.

Pächter.

Sind die Publikane des neuen Testaments; ausser dem Schatzmeister der Geistlich=

lichkeit wird so leicht keiner in das Himmelreich eingehen, es wäre denn, daß sie einige mitleidige Priester von dem Mamona iniquitatis entledigten.

Papageyen.

Diese Thiere sind die Lieblinge der Geistlichkeit, denn alles, was man sie lehren will, plaudern sie getreu nach, ohne was Arges dabey zu denken.

Papisten.

So nennen die Protestanten spottweise jene gelehrige Christen, die den Papst für einen Statthalter Gottes auf Erden erkennen, und die nicht wie sie Geistesstärke genug haben ihren Verstand niemand andern als ihren Pastoren zu unterwerfen. Die Christen von verschiedenen Partheyen haben ungezweifelt das Recht, eine der andern zu spotten, wenn sich nicht die Nase

Nase gerade von einem Spiegel gegenüber tragen.

Partheygeist.

Ist das sicherste Mittel, in Religionssachen ein gesundes Urtheil zu fällen. Die Parthey, welche der Gewissensrath einer Familie ergreift, ist immer die beste für sie, und sie ist schuldig, ihm zu folgen, wenn es gleich zu ihrem größten zeitlichen Schaden gereichte.

Pfarrer.

Ist nur derowegen auf seiner Pfarre, um den Bauren das Lateinische und die Theologie zu wiederholen; sie toll zu machen, damit sie ihm den Zehend bezahlen, und mit seinem Grundherrn Prozesse zu führen.

Philosophen.

Sind die vorgeblichen Freunde der Weisheit und der gesunden Vernunft, und derowegen in den Angen der Theologen Taugenichte und die verabscheuungswürdigsten Leute, welche aus der menschlichen Gesellschaft vertilget werden sollten. Diese Nichtswürdigen haben die Unverschämtheit, die Menschen zu warnen, daß man ihnen hienieden die Säcke ausleere, während man sie verpflichte, aufwärts zu schauen.

Politik (die römische.)

Sie ist die Stütze der Religion, hält die Ruhe in den Staaten, mahnet zum Gehorsam gegen die Landesfürsten, wenn diese anderst selbst Rom gehorchen; befördert die Bevölkerung durch den Cölibat, und den Ackerbau durch Einführung vieler Feyertage. Soviel wird wohl genug

nug seyn, um ihren nützlichen Einfluß auf die christlichen Staaten zu erkennen.

Pracht.

In den unglücklichen Zeiten, worinn wir leben, muß die Kirche sich in ihrer ganzen Pracht zeigen; denn wenn ihre Diener eben so arm wie die Apostel wären, würde sie jeder Thorsteher aus dem Hause jagen. Den Kirchenhäuptern bleibt also itzt nichts übrig, wenn sie anderst Zutritt finden wollen, als mit schönen Equipagen, mit kostbaren Edelsteinen und mit einer Menge von Bedienten zu prangen, weil sonst die Layen die Religion eines armen Gottes, der nichts hatte, wo er sein Haupt hinlegte, verachten würden.

Protestanten.

Sind starke Geister, die Muth genug haben, wider den Papst und gewisse Meinungen seiner Anhänger zu protestiren. Ob diese Leute gleich die Macht des heiligsten Vaters so ziemlich beschnitten haben, so sind sie doch ihrer Geistlichkeit unterworfen, die, ohne sich für unfehlbar zu halten, jedem, der an ihrer Einsicht zweifeln, oder nicht wie sie sehen wollte, einen schlimmen Streich spielen würde. Die Protestanten sind zu Rom verbrennenswürdige Ketzer; dafür haben sie aber den Trost, in ihren Ländern rechtgläubig zu seyn, und sogar ihre Glaubensgegner zu verbrennen, wenn ihre Konsistorien sonst mächtig genug sind. Was die Ketzerey der Protestanten bey der katholischen Geistlichkeit so verabscheuungswürdig macht, ist, daß die Protestanten ihre Religionsdiener gemeiniglich schlecht bezahlen.

Probabilismus.

Wenn jemand die Lust ankommen sollte, eine Sünde, wozu er mächtig gereizet wird,

wird, zu begehen, der frage einen Hof=
beichtvater, oder sonst einen ächten
Gewissensrath, ob er seinen Endzweck mit
gutem Gewissen erreichen könne. Durch
das Ansehen eines einzigen solchen Man=
nes unterstützt kann er etwas Namhaftes
wagen.

Rauchfaß.

Ist ein geweihtes Behältniß, worinn
man Rauchwerk brennt. Den Geistlichen
ist es allein vorbehalten, zu räuchern;
auch machen sie so viel Rauch, als sie
nur können. Die Hand an das Rauch=
faß legen ist eine verblümte Redensart;
man versteht darunter das gräßlichste Ver=
brechen, so ein Laye begehen kann. Es
bezeichnet die Handlung eines jeden Lan=
desfürsten, oder jeder Obrigkeit, die es
sich gelüsten lassen, ihre Nasen in die Ge=
schäfte der Geistlichkeit zu stecken, ohne
dar=

darum erſuchet zu werden. Man kömmt hier ſelten mit heiler Haut davon.

Recht (geiſtliches.)

Iſt eine höchſt nützliche, ordentliche und vortreffliche Sammlung von Geſetzen, Verordnungen, Conſtitutionen, Entſcheidungen, Bullen, welche die Diener des Herrn zuſammen getragen haben, um den großen Schatz einer heiligen Rechtsgelehrſamkeit zu beſitzen. Nicht ſelten ſoll, wie die Spötter ſagen, dieſe Sammlung der Vernunft, der bürgerlichen Rechtsgelehrſamkeit, den Rechten der Landesfürſten und ſogar dem natürlichen Rechte entgegen ſeyn; aber alle dieſe Rechte ſind ja nur derowegen da, um dem geiſtlichen Rechte zu weichen.

Rechtgläubige.

Meiſtentheils ſind jene in einem Lande rechtgläubig, die den Landesfürſten und

und die Richter auf ihrer Seite haben. So ist die Rechtgläubigkeit gleich einem Wetterglas in christlichen Staaten der Veränderung unterworfen; sie hängt von der Witterung ab, die bey Hofe ist.

Reichthümer.

Sind für fromme Christen eine sehr beschwerliche Last. Die Geistlichkeit hat soviel Menschenliebe, ihnen diese Last nach Kräften abzunehmen, und sich selbst aufzubürden, damit die Reichen, die durch ihr Wohlleben oft dicke Bäuche bekommen, welche sie verhindern würden, sich durch die enge Pforte des Paradieses durchzudrängen, desto leichter auf der Himmelsstrasse fortwandern können.

Religionskriege.

Sind heilsame und häufige Aderlässe, welche die Seelenärzte den Körpern derjenigen Völker verschreiben, die mit einer reinen Lehre begünstiget werden sollen. Sie gründen sich auf die Nächstenliebe, und sind seit achtzehn Jahrhunderten sehr häufig gewesen. Der größte Nutzen, den die Völker daraus zogen, war, daß sie ihre Lehrer besser kennen lernten.

Religionspflichten.

Sind meistens auf die Verhältnisse gegründet, welche unter den Menschen und ihren Priestern bestehen. Daraus sieht man, daß es den Priestern allein zukomme, die Pflichten eines guten Christen zu bestimmen. Diese sind: Fleissig beten, dasjenige am aufmerksamsten anhören, was man am wenigsten versteht; sich zu allem, was man von ihnen verlangt, bereit finden zu lassen, und vorzüglich, die Diener des Herrn gut zu bezahlen.

Sache Gottes (die).

Ist eigentlich die Sache der Priester, die sich, wie man weis, für Advokaten, Verwalter und Procuratoren der Gottheit ausgeben; sie müssen aber selten die Vollmacht erhalten, ihre Geschäfte mit Gelindigkeit zu betreiben.

Schauspieler.

Sind Leute, die ein abscheuliches Handwerk treiben, und den Dienern des Herrn höchst billig mißfallen; in den christlichen Ländern unterliegen sie dem Bann. Man sagt, die Ursache davon wäre, weil ihre Feinde ein ausschliessendes Privilegium haben, ganz allein Schauspiele aufzuführen.

Scheinheiligkeit.

Ein leichtes Mittel, in der Welt fortzukommen, indem man die Geistlichen damit

mit auf seine Seite bringt. Die Heuchler sind der Sache Gottes zu einer grossen Beyhülfe; sie vertheidigen diese gewöhnlich mit mehr Eifer als die wahren Andächtigen.

Schlange.

Vormals redeten die Schlangen, denn durch ein Gespräch mit einer Schlange wurde die Großmutter des menschlichen Geschlechts verführet. Auch noch in unsern Zeiten werden junge Mädchen von Schlangen versuchet und verführet, aber diese reden nicht. Die Priester müssen klug wie die Schlangen, und die Layen einfältig wie die Tauben seyn, wenn die Religion auf dem alten Fuße bestehen soll.

Schultheologie.

Ist ein Hauptzweig der Gottesgelehrtheit, und besteht in der Kunst, über Worte zu zanken, die sehr weislich erfunden wurden, um die Sachen zu verdunkeln, und uns zu hindern, in der Wissenschaft des Heils klar zu sehen.

Schwärmerey.

Ist eine fromme Wuth oder Seuche, womit eifrige Christen behaftet sind, die ein siedendes Geblüt und verwirrte Sinne haben. Diese Krankheit erbt man durch die Ohren, sie widersteht der gesunden Vernunft eben so wie den gewaltsamen Mitteln. Brühen, Bäder, oder Tollhäuser sind die sichersten Specifica dawider.

Schwert.

Die Geistlichkeit soll vor Zeiten zwey Schwerter besessen haben, um sich ihrer, wenn sie gereizt wurde, nach Umständen bedienen zu können. Das eine ist ein geistliches Schwert, so die Seelen abthut,

thut, das andere ein zeitliches, so die Körper hinrichtet. Dieser Mittel bediente sie sich, die Menschen auf den rechten Weg zu führen. Man behauptet sogar, daß sie, wenn diese zwey Schwerter mangelten, noch einen kleinen Dolch gehabt habe, den sie aber sorgfältigst verbarg, aus Furcht, er möchte ihr entrissen werden. Sie gebrauchte sich dessen nur in äusserster Verlegenheit, und bey den wichtigsten Vorfällen. Man vermuthet, daß sie diese Werkzeuge der Sanftmuth noch besitze, und man ist sehr begierig, ob die Zeit diese Vermuthung bestätigen werde.

Secten.

Sind Aeste und Zweige, die aus dem Stamme der nämlichen Religion entspringen; der Stamm nennt sich die herrschende Religion, und ist immer mit Schüttelung seiner Aeste beschäftiget; dieß macht, daß er manchmal selbst wanket: in diesem

sem Falle müssen die Landesfürsten Hand anlegen, um ihn zu unterstützen; nicht weil er sonst fallen müßte, sondern nur damit ihn die Aeste nicht auch schütteln, wodurch seine Grundfeste gleichwohl locker könnte gemacht werden.

Seelengut.

Sind diejenigen, die der Geistlichkeit Gutes thun, und für ihre Tafel sorgen, damit sie nie leer stehe.

Sekularisirung.

Ist eine höchst ärgerliche und sündhafte Handlung der weltlichen Macht, wodurch man der Geistlichkeit ihre Güter entzieht, und sie den Ungeweihten zu ihrem ewigen Verderben überläßt. Daß ein Laye, dem ein Kirchengut zu Theil wird, es mit gutem Gewissen nicht besitzen könne, ist schon daraus klar, weil er eine Gott allein ge-
wid=

widmete Sache sich zugeeignet hat. Das einzige Mittel, in diesem Falle sein Gewissen zu retten, ist, daß er von seinen Einkünften wenigstens zwey Drittheile der Geistlichkeit durch reichliche Geschenke wieder zufliessen läßt.

Selbstmord.

Es ist jedem Christen verboten, sich das Leben zu nehmen, oder schnell umzubringen; aber dieses nach und nach zu thun, ist nicht nur erlaubt, sondern noch sehr verdienstlich. Denn ein Christ, der durch abzehrende Bußwerke sein Leben langsam tödtet, kann sichern Anspruch darauf machen, einsmals im Verzeichniß der Heiligen zu glänzen.

Sinnen.

Ein guter Christ muß sich niemals auf das Zeugniß seiner eigenen Sinne beru=

berufen, weil sie ihn leicht betrügen kön=
nen; er hat sich also ganz an die Sinnen
seiner Priester zu halten, indem diese viel
feiner als die Sinnen der Layen, vorzüg=
lich in geistlichen Dingen sind, wovon
diese nie etwas verstehen sollen.

Sterbende.

Wenn gleich die bürgerliche Gesell=
schaft von den Kranken und Sterbenden
keine Vortheile mehr zieht, so weis doch
die Geistlichkeit sie zu nutzen. Sie weis,
daß man meistens großmüthig ist, wenn
man ohnehin alles verlassen muß, und
so ist sie am Sterbebette in ihrem Ele=
mente.

Stiftungen.

Sind Einkünfte, welche für einen
großen Theil der Geistlichkeit bestimmt
sind, damit sie gut esse, gut trinke, gut
singe,

singe, wachse und sich vermehre; und dieß alles, damit die Weingärten derer, die nicht Zeit zum singen haben, nicht vom Hagel verheeret werden. Hieraus sieht man, daß eigentlich die Geistliche das schöne und wilde Wetter auf Erden machen.

Streiten.

Das Streiten ist eine Haupteigenschaft der Theologen. So lang sie auf Erden sind, streiten sie mit der gesunden Vernunft; dieß hindert sie aber nicht, sich auch miteinander zu streiten, sich um Ehre und Glück zu bringen, und wenn es thunlich ist, einander auf das Blutgerüst zu streiten.

Streitigkeiten (theologische).

Sie sind immer von der größten Wichtigkeit, weil sie zur Ehre Gottes den Men=
schen=

schenverstand in Verwirrung setzen. Es ist eine natürliche Folge der geistlichen Unfehlbarkeit, daß die Theologen so oft miteinander in Streit gerathen. Diese Streitigkeiten sind der Kirche sehr zuträglich, weil die Layen dadurch in ihrem Glauben irre gemacht werden. Vorzüglich ist der Geistlichkeit daran gelegen, daß die Landesfürsten Parthey nehmen, und sich darein mengen; denn dadurch bekömmt ihre Sache einen größern Nachdruck, und der Streit nimmt so leicht kein Ende. Nur erst seit kurzem sieht sie es nicht gerne, wenn die Fürsten sich mit geistlichen Streitigkeiten abgeben, weil diese zum Unglück aufgeklärt sind, und ihr eine Menge ihrer Einkünfte auf die unverantwortlichste Weise abstreiten.

Theologie.

Ist eine tiefsinnige, übernatürliche und einzig nützliche Wissenschaft, die uns lehrt, wie

wie wir von den unverständlichsten Dingen mit Bescheidenheit reden, und unsre deutlichsten Begriffe der gesunden Vernunft zum Trotze verwirren sollen; daraus sieht man, daß sie die edelste und unentbehrlichste aller Wissenschaften ist, indem sich alle andern nur auf Gegenstände einschränken, die dem gemeinen Wesen nützlich sind. Die Religion könnte ohne Theologie nicht bestehen, weil sie zu klar und einleuchtend und also zu gemein werden müßte.

Tugenden (theologische).

Sie heissen Glaube, Hofnung und Liebe. Vorzüglich sind sie der Geistlichkeit nützlich; denn der Glaube verschaft ihnen gehorsame Sklaven, welche die Hofnung unterhält, und derer Liebe sie in Ueberfluß versetzet.

Tyrann.

Tyrann.

In der gemeinen Sprache ist es ein Fürst, der die Gesellschaft unterdrückt, statt sie zu beherrschen; in der Sprache der Geistlichkeit ist der Tyrann ein Fürst, der nicht wie sie denkt; nicht thut, was sie will; oder der unverschämt genug ist, ihrem heiligen Willen Hindernisse entgegen zu setzen, wenn er denselben dem Wohl des Staats, der dem heiligen Rechte der Geistlichkeit nie das Gleichgewicht halten soll, schädlich zu seyn glaubt. Der ärgeste Tyrann ist in ihren Augen derjenige, der ihre Einkünfte schmälert, oder sie an Erwerbung frommer Vermächtnisse hindert; denn er hat keine Religion, weil er ihr nicht vergönnen will, sich zu bereichern.

Vaterland.

Der wahre Christ, sagen die Asceten, hat auf Erden kein Vaterland; er ist ein

Mensch von der andern Welt, und hält sich nur derowegen hienieden auf, um sich und andern lange Weile zu machen. Soviel ist ihm indessen auf dieser Welt erlaubt, daß er seine Nebenmenschen mit seiner rauhen Gemüthsart quälen, und mit seiner Andächteley toll machen darf, um ihnen wider dieses Leben einen Eckel beyzubringen. Die Frömler sind auf Erden sehr schlechte Bürger, aus der Absicht, im Himmel bessere zu werden. Daraus sieht man, warum es so wenig Patrioten unter uns giebt.

Uebelklingend.

So nennt man einen jeden Satz, der die Ohren der Geistlichen beleidiget. So ist z. B. dieß ein übelklingender Satz, wenn man sagt: Die Geistlichen sollen nicht zu sehr nach klingender Münze trachten, die eigentlich den Armen gebührt.

Uebernatürlich.

Da wir die Natur, ihre Triebfedern, Kräfte und Gesetze vollkommen kennen, so müssen wir jeden Vorfall, der uns unbegreiflich ist, für übernatürlich halten, und sogleich Wunder rufen. Was jedoch für die Layen übernatürlich ist, das ist es nicht immer für die Priester, die es oft sehr gut verstehen, übernatürliche Dinge selbst zu wirken, hauptsächlich, wenn die Layen Schwachköpfe genug sind, dergleichen Wirkungen für übernatürlich zu halten.

Uebungen (geistliche).

Sind kleine Beschäftigungen, welche die Geistlichen ausgedacht haben, damit ihre andächtigen Seelen nicht einschlummern. Ohne diese Uebungen würden die alten Weiber und Müssiggänger Gefahr laufen, lange Weile zu haben, oder gar sich mit Dingen beschäftigen müssen, die ihren Familien und der verderbten Welt nützlich wären.

Veräusserungen.

Die geistlichen Güter können nicht veräussert werden, die Priester sind nur Verwalter davon, denn Gott allein ist der Eigenthümer. Gleichwohl wissen sie die Sache so geschickt zu drehen, daß der Eigenthümer nicht selten bevortheilet wird. Nun haben sich die Layen in manchen Ländern des Eigenthümers angenommen, damit er in Hinkunft nicht wieder zu kurz kömmt. Dermalen kann also die Geistlichkeit nichts als den Verstand ihrer frommen Anhänger veräussern.

Verfolgungen.

Sind sichere und aus der christlichen Liebe fliessende Mittel, derer sich die Geistlichkeit zu bedienen pflegt, um die Verirrten wieder zurück zu rufen, und sich in ihren Augen liebenswürdiger zu machen. Die Geistlichen wurden oft selbst verfolget; allein das geschah allemal widerrechtlich. Die Verfolgungen, welche sie Andere empfinden lassen, sind immer rechtmässig und heilig. Sie haben niemals Unrecht, wenn sie mächtig genug sind, handgreiflich zu beweisen, daß sie Recht haben.

Verleumdungen.

Ein rechtmässiges und heiliges Mittel, dessen sich die Priester, die Andächtigen und hauptsächlich die Bethschwestern wider die Feinde des Aberglaubens und Freunde der gesunden Vernunft bedienen, um sie so viel möglich verhaßt zu machen, und wenn es thunlich ist, um Ehre und Brod zu bringen.

Vernunft.

Ist aus allem Schädlichen dieser Welt den vernünftigen Geschöpfen das Schädlichste. Wer verdammt werden will, mag sich gleichwohl seiner Vernunft gebrauchen; die aber den Weg der Frömmigkeit und des Heils wandeln wollen, müssen Verzicht darauf thun, weil ihre geistlichen Führer es durchaus nicht vertragen können, daß sie ein Licht mit sich nehmen, welches ihre Augen zu sehr blendet, und die Finsterniß, die diesen allein zuträglich ist, zu ihrem Nachtheile beleuchten würde. Was müßte aus dem Glauben werden, sagen diese Führer, wenn er vernünftig wäre? Alles Verdienst fiele weg.

Nur

Nur in dem einzigen Falle ist es erlaubt, die Vernunft anzuhören, und sich ihrer zu bedienen, wenn sie mit den Vortheilen der Geistlichkeit übereinstimmt.

Verzeihen.

Ist bey den Layen eine lobenswürdige und ihnen im Evangelium vorgeschriebene Tugend. Die Geistlichkeit darf nicht verzeihen, wenn man sie beleidiget, weil man in diesem Falle Gott selbst in seinen Dienern beleidigt. Indessen giebt es doch einen Fall, in welchem die Geistlichen verzeihen können, wenn sie nämlich einige ihrer Feinde vertilget, und diese keine Kinder oder Anverwandte hinterlassen haben. Dieß ist die Zeit der Aussöhnung.

Unbilden.

Sind höfliche und liebvolle Ausdrücke, derer sich die Theologen untereinander,

der, oder wider ihre Gegner bedienen, wenn sie ihre Sache ausgleichen wollen, oder wenn sie auf Schwierigkeiten, die man ihnen vorlegt, antworten sollen. Die Unbilden sind sehr überzeugende Beweisthümer; aber noch sicherer und gründlicher wird mit Scheiterhaufen geantwortet.

Undankbarkeit.

Ist eine häßliche Beschaffenheit der Layen, welche die unendliche Verbindlichkeit ausser Augen setzen, die man der Geistlichkeit schuldig ist. Die Geistlichen dürfen hiernieden Niemand für ihre Einkünfte, Privilegien, Benefizien verbunden seyn, welche ihnen die Layen geben; denn diese sind nur die Werkzeuge, der sich Gott bedient, seine geistlichen Freunde zu verbinden. Sie müssen die Prophezeyung des Michäas erfüllen, der von ihnen sagt: Wenn man ihnen nichts zu essen giebt,

Kün=

kündigen ſie uns ſogleich den Krieg an. Si quis non dederit in ore eorum quippiam, sanctificant super eum prælium. Mich: 3, 5.

Unfehlbarkeit.

Iſt ein ausſchlieſſendes Privilegium der römiſchen Biſchöfe, welches ſie von dem Himmel ſelbſt empfangen haben. Das römiſche Konſiſtorium kann in ſeinen Entſcheidungen nicht irren, ſo oft es mächtig genug iſt, ſie durchzuſetzen. Es haben zwar einige Freydenker Muth genug, an dieſer Unfehlbarkeit zu zweifeln; aber um ſie zu beſchämen behaupten wir, daß jeder Geiſtliche allemal unfehlbar iſt, ſo oft man Gefahr läuft, ihm zu widerſprechen.

Ungereimtheiten.

Es giebt keine in den Schriften der Theologen, ſie ſind Werke eines göttlichen

chen Verstandes, der, wie man weis, mit dem menschlichen nichts gemein hat. Nur aus Mangel des Glaubens finden die Spötter Ungereimtheiten in diesen Büchern; nun ist aber dieß ungezweifelt die größte Ungereimtheit, nicht alles zu glauben, was ein Theolog lehrt. Um keine Ungereimtheiten in diesen Lehren zu finden, muß man von Jugend auf daran gewöhnt seyn, und sie niemals untersuchen. Je ungereimter eine Sache in den Augen des menschlichen Verstandes ist, desto gemäßer ist sie dem theologischen.

Unglücksfälle.

Alle Unglücksfälle, womit das menschliche Geschlecht heimgesuchet wird, haben den Vortheil der Geistlichkeit zum Hauptgegenstande. Niemals ist das Volk andächtiger, als wenn es sich fürchtet, oder sehr unglücklich ist. Je häufiger die Un-
glücks=

glücksfälle, und vorzüglich die ansteckenden Krankheiten herrschen, desto leichter ist es für diese Herrn, Erbschaften zu erschleichen, und überhaupt große Gewinnste zu machen.

Unwissenheit.

Ist die erste Zubereitung zu einem blinden Glauben, daraus sieht man ihre Wichtigkeit. Seitdem die Layen nicht mehr so unwissend sind, als sie billig seyn sollten, nimmt der Glaube ab, die Liebe erkaltet, und die Handlungen der Geistlichkeit verlieren viel von ihrem Werthe.

Vollkommenheit.

Nach der Lehre gründlicher Asceten besteht sie im unaufhörlichen Bethen, abzehrendem Fasten, düsteren Träumen, erbaulichen und wunderbaren Erscheinungen,

gen, und in der Kunst, wie eine Eule zu leben.

Vorsehung.

Sie besteht eigentlich in der wachsamen Güte der Gottheit, in soferne sie für die Bedürfnisse der Priester sorget; diese haben daher niemals einen Mangel zu befürchten. Wenn sie auch mit ineinander geschlungenen Armen ganze Wochen stehen, so wird es ihnen doch nie an Kleidung, Wohnung, Nahrung und Hochachtung fehlen. Das Schicksal der Layen mag so elend seyn, als es will, ihnen wird es doch immer gut gehen. Die Landesfürsten haben es seit einiger Zeit versucht, dieser Vorsehung in den Weg zu treten; allein sie wurden nur zu deutlich gewahr, daß es viel zu schwer ist, wider den Stachel zu lecken.

Urtheil (freventliches).

Ist hauptsächlich den Layen verboten, welche den Lebenswandel ihrer geistlichen Führer niemals beurtheilen sollen. Sollten sie einen Geistlichen in einem verdächtigen Orte finden, so ist es ihre Pflicht zu vermuthen, daß dieser Besuch keine andere Absicht als das Seelenheil gehabt habe, und daß er nur benedicendi causa sich alldort eingefunden habe. Wenn Geistliche unsre jungen aufgeklärten Leute, blos weil diese mehr gelernet haben als sie, für Freygeister ausrufen, so ist dieß kein freventliches Urtheil, weil sie eigentlich von dergleichen Dingen gar nicht urtheilen können.

Waffen.

Die Geistlichen können keine Waffen tragen, aber sie können im Nothfalle den Layen

Layen Waffen in die Hände geben, damit sie untereinander Kriege führen können, denen die Geistlichkeit von weitem zusieht. Allda erhebt sie ihre geweihten Hände zu dem Himmel, um seinen Beystand für diejenigen zu erflehen, welche für die Rechte der Geistlichkeit und ihre frommen Meinungen streiten.

Wallfahrten.

Ist ein frommer Gebrauch, der in altchristlichen Ländern noch immer in der Mode bleibt. Man reist einige Meilen Wegs zu irgend einem Marienbild, bringt Geschenke mit, sagt mit Zerstreuung einige Gebethe her, geht dann ins Wirthshaus, betrinkt sich, treibt allen möglichen Unfug, und geht dann mit dem Troste nach Hause, das Gnadenbild werde uns in Ansehung so vieler Verdienste sicher helfen.

Weibs-

Weibsbilder.

Die jüngern sind bey dem klügeren Theile der Geistlichkeit von keinem Werthe; dafür schätzt er die alten und häßlichen. Die, so der Welt nicht mehr gefallen, sind ihm sehr angenehm, und vortheilhaft, denn bey diesen ist was zu gewinnen. Die Betschwestern dienen ihren Gewissensräthen ungemein, bald durch ihre fromme Wäschereyen, bald durch ihre frommen Ränke, öfters durch ihre fromme Verleumdungen, und vorzüglich durch eine fromme Hartnäckigkeit, alles eigensinnig zu behaupten, was sie nicht verstehen.

Welt.

In den Augen eines Andächtigen ist die Welt das Verabscheuungswürdigste aus

aus allen Dingen; er muß sich davon los machen, und all sein Vermögen der Geistlichkeit geben, derer Reich nicht von dieser Welt ist.

Wichtig.

Nichts in der Welt ist so wichtig, als was die Theologen für wichtig angesehen haben wollen. Die christliche Welt hat seit mehreren Jahrhunderten das Glück gehabt, wegen wichtiger Schulstreitigkeiten, wichtiger Ceremonien, wichtiger Kapuzen, und sehr wichtiger Bullen in Verwirrung gebracht zu werden.

Wissenschaften.

Sind eine höchst schädliche Sache, man sollte sie aus jedem christlichen Lande verbannen. Die Wissenschaften blähen auf,

und

und machen also, daß wir nicht hager genug sind, um durch die enge Pforte des Himmelreichs gehen zu können. Die Wissenschaft des Heils ist allein nothwendig, aber nicht schwer zu erlangen; wenn man die Geistlichkeit nach Belieben mit sich schalten und walten läßt, besitze man sie vollständig.

Wissenschaften (schöne).

Ihr Studium ist keinem Geistlichen anzurathen, weil sie dadurch leicht auf Irrwege könnten verleitet werden. Zudem mildern sie die Sitten, benehmen ihren Verehrern das Rauhe, und machen sie gegen ihre Nebenmenschen gefälliger und duldsamer; lauter Vortheile, die der Geistlichkeit mit gutem Gewissen nicht anzurathen sind. Wie sollten sich auch Leute mit solchen Wissenschaften abgeben, deren Vorfahren seit vielen Jahrhunderten unwissend und einfältig waren.

Wörter.

Im gemeinen Gebrauche sind sie bestimmt, um wesentliche, wirkliche und bekannte Gegenstände zu bezeichnen; in der Theologie aber bleiben sie bloße Wörter, und dieß nur allein um der Deutlichkeit willen.

Würden.

Sind gewisse Unterscheidungen des Ansehens, die man den demüthigen Dienern der Kirche verstattet, denen es nicht mehr zusteht, so arm und ohne Rang wie ihr göttlicher Lehrmeister zu seyn, als er noch auf Erden wandelte.

Zehende.

Gehören vermöge göttlichen Rechts den Dienern der Kirche. Die Apostel zogen, wie jedermann weis, den Zehend von Jerusalem. Das alte Gesetz, welches Christus aufgehoben hatte, befahl, daß man den jüdischen Priestern den Zehend geben sollte; daraus folgt, daß in dem neuen Gesetze der Zehend von allen Gütern der Geistlichkeit zugehöre. Auch ist nichts rechtmässiger, als daß das Volk für die arme Geistlichkeit arbeite, indessen diese sich mit der für das gemeine Wesen so heilsamen Theologie beschäftiget.

Zeitliche (das).

Muß wegen des Ewigen ganz vernachlässiget werden; so ist es auch nothwendig, daß die zeitliche Macht, indem sie

sie nur eine Weile daurt, der geistlichen Macht, die ewig dauren soll, unterworfen sey. Das Zeitliche der Geistlichkeit ist eine geheiligte Sache, weil dieses unter ihren Händen geistig, ewig und göttlich wird. Die Diener der Kirche vertheidigen es nur derowegen mit so vieler Hitze, weil es Gott gehört, der ein bloßer Geist ist, dem aber, wie sie uns versichern, die zeitlichen Güter ungemein am Herzen liegen, weil ohne diese seine geistlichen Diener nicht leben könnten.

Zufluchtsort.

In verschiedenen ächt christlichen Staaten haben die Kirchen und Klöster das Recht, den Dieben, Räubern und Meuchelmördern einen sichern Zufluchtsort darzubieten, um sie der Strenge landesfürstlicher Gesetze zu entziehen. Ein für die Gesellschaft sehr vortheilhaftes Recht, welches

ches die Diener der Kirche allen Bösewichtern liebenswürdig machen muß.

Zurechtweisung (brüderliche).

Wer ein ächter Christ seyn will, muß sich in das Gewissen seines Nächsten mischen, und sich sein Heil eifrigst angelegen seyn lassen; er muß ihn wegen seiner Fehler bestrafen, und sich bemühen, ihm seine Irrthümer zu benehmen. Wenn er nicht gelehrig ist, so muß er ihn fliehen und hassen, oder wohl gar quälen und um das Leben bringen, wenn er mächtig genug ist, und dieß alles zur Aufrechthaltung der guten Ordnung und Eintracht in den Familien.

Zwangggewalt.

Da die Kirche keine Macht hat, jemand zu zwingen, daß er von ihrer Meinung

nung sey; so überläßt sie das Recht zu zwingen den Landesfürsten; jedoch unter dem Beding, daß sie nicht ermangeln sollen, sich dieses Rechts zu bedienen, so oft es ihnen die Geistlichkeit anbefehlen wird.

Zwangmittel.

Sind höchst beschwerliche Politessen, deren sich die Geistlichkeit zu bedienen pflegt, um diejenigen, die keinen Glauben haben, dazu einzuladen. Sie bestehen darinn, daß man die Leute durch Gefängniße, Torturen, oder auch Kanonen auf den rechten Weg zur Seeligkeit führt.

Geschichte

des,
durch die
Französische Revolution,
zwischen dem größten Theile der Europäischen Mächte und der Französischen Nation,
veranlaßten Krieges.

Fünfter Feldzug,

vom Jahre 1796; die Kriegsunternehmungen der Armeen und Flotten derjenigen Mächte, welche den blutigen Kampf fortgesetzt haben, ingleichen die in diesen Zeitpunkt fallenden Friedensschlüsse (Verträge) einiger andern Staaten darstellend.

Von
K. F. von Justin,
der Kayserlichen Franziszischen Reichsakademie Rath und Ehrenmitglied.

Mit allergnädigstem Kaiſ. Druckprivilegio.

Regensburg, 1797.

Der zu Ende des Jahrs 1795 zu Stande gekommene Waffenstillstand am Rhein, der ungeheure Aufwand an Menschen und Geld *) während der ersten 4 Jahre eines schrecklichen, verheerenden Kriegs, und die allmälige Annäherung der kriegführenden Mächte, nachdem die gemäßigte Partei in Frankreich das Uebergewicht errungen hatte, gewährten die angenehme Hoffnung, daß das Jahr 1796 die so lange entbehrte Ruhe durch einen billigen, dauerhaften Frieden zurück führen würde. Man rechnete um so mehr mit einer Art von Zuversicht darauf, da im Monat Merz durch den Großbritannischen Gesandten Wickham zu Basel dem dortigen französischen Bothschafter Barthelemy neue Friedensanträge gemacht wurden. Die Antwort des Direktoriums zu Paris, welche die über Englands Alliirte gemachten Eroberungen zu behalten,

hin-

---

*) Man sehe das Ende der vorigen Feldzugsgeschichte, und was noch weiter unten angeführt werden wird.

hingegen dasjenige, was Großbritannien erobert hatte, zurück zu geben begehrte, war jedoch so beschaffen, und der Umfang der Forderungen (vielleicht durch die Vortheile in Italien, wo auch der Kriegsschauplatz zuerst wieder eröffnet wurde, verleitet) so hoch gespannt, daß die Fortsetzung des blutigen Kampfes eine Folge davon seyn mußte.

Die Beharrlichkeit Oestreichs hatte den letzten Feldzug für Deutschland ehrenvoll geendigt, und es blieb auch in dem folgenden, (obgleich das nördliche Deutschland, zu seiner Sicherheit, dem im Jahr 1795 zwischen Preußen und Frankreich abgeschlossenen Neutralitäts= und Demarkationsvertrag *) beitrat) mit den Ständen des südlichen

---

*) Zur Vertheidigung der Demarkationslinie wurde ein beträchtliches Korps preußischer, hannövrischer und braunschweigischer Truppen an der Weser unter dem Oberbefehle S. H. D. des Herzogs von Braunschweig zusammen gezogen, dessen Verpflegung die übrigen Stände, welche keine Truppen stellten, aber den Schutz der Demarkationslinie genossen, verhältnismäßig übernehmen mußten, daher von des Königs in Preußen Maj. und Herzoge von Braunschweig als Kreisausschreibenden Fürsten des niedersächsischen Kreises eine Versammlung der Stände nach Hildesheim auf 20. Juni 1796 ausgeschrieben wurde. Obgleich schon am 5. April 1795, wie Seite 22 des vorigen Theils dieser Geschichte zu sehen, ein Neutralitätsvertrag abgeschlossen war, so wurde dieser doch durch einen neueren, noch feierlicher und bestimmter bestätigt, und kurz darauf, nemlich am 13. August errich-

chen Theils des Reichs nebst Großbritannien seinen erklärten Grundsätzen, zur Aufrechthaltung der deutschen Verfassung, treu.

Sos=
ten auch die Stände des obersächsischen Kreises zu Erlangen einen ähnlichen Waffenstillstands oder Neutralitätsvertrag mit Frankreich; daher auch der plötzliche Befehl zu erklären ist, den, wie in der Folge vorkommen wird, die kursächsischen Truppen erhielten, von der kaiserlichen Reichsarmee nach Sachsen zurückzukehren. Erstgedachter neuerer merkwürdiger Vertrag wurde am 5. August 1796 zu Berlin von dem königlichen Minister Grafen Haugwitz und dem französischen Gesandten Caillard abgeschlossen, und enthielt folgende Artikel: 1) die französische Republik wird sich enthalten, die Kriegsoperationen oder den Marsch ihrer Truppen bis in die Länder und Staaten auszudehnen, welche in folgender Demarkationslinie liegen: diese Linie soll von dem an der Nordsee gelegenen Theile des Herzogthums Hollstein anfangen, sich längst den Küsten dieses Meers gegen Deutschland hin erstrecken, und die Mündung der Elbe, der Weser und der Ems in sich begreifen, so wie die in dieser Seegegend liegenden Inseln bis an Bornholm; von da soll sie den holländischen Grenzen bis nach Anholt folgen, durch Herrenberg gehen, und die preußischen Besitzungen bey Sevenär bis an Burg an der Yßel in sich fassen, von da soll sie längs diesem Flusse bis an seinen Zusammenfluß mit dem Rheine gehen; von da soll sie den letzten Fluß aufwärts bis nach Wesel, und noch weiter bis an den Ort gehen, wo sich die Ruhr in den Rhein ergißt, sie soll hernach am linken Ufer der Ruhr bis an ihre Quelle hinlaufen, von da soll sie, indem sie die Stadt Medenbach zur Linken läßt, ihre Direktion mit der Fulda nehmen, und

Sowohl von deutscher als französischer Seite hatte man sich während des Waffenstillstands zu dem neuen Feldzuge möglichst zu rüsten gesucht. Man

und längs diesem Flusse endlich bis an seine Quelle aufwärts steigen. 2) Die französische Republick wird alle hinter dieser Linie gelegenen Länder und Staaten für neutral unter der Bedingung erkennen, daß sie von ihrer Seite eine strenge Neutralität beobachten, deren 1ster Punkt ist, keine Beyträge, unter irgend einem Namen zur Fortsetzung des Kriegs mehr zu geben, und in 3 Monaten ihre Kontingenter zurück zu ziehen. 3) Der Theil der Grafschaft Mark, welcher auf dem linken Ufer der Ruhr liegt, soll in die Demarkationslinie mit einbegriffen seyn, jedoch willigen Seine Majestät ein, daß die Truppen der kriegführenden Mächte durch dieselbe marschiren. 4) Se. Maj. werden im Falle franz. Truppen durch diesen Theil der Grafschaft Mark marschieren, zu Erhaltung der Ordnung, Kommissarien ernennen. 5) Die preußischen Fürstenthümer in Franken, so wie die Grafschaft Sayn Altkirchen auf dem Westerwalde, nebst dem Distrikt Bendorf bey Koblenz, als preußische Besitzungen, sollen in der Demarkationslinie mit begriffen seyn. 6) Seine preußische Majestät übernehmen die Garantie, daß keine Truppen aus den die Neutralität des nördlichen Teutschlands mit eingeschlossenen Staaten über die bezeichnete Linie gehen, um gegen die französische Armee zu fechten, noch auch gegen die vereinigten Provinzen irgend eine Feindseligkeit auszuüben. Zu diesem Zwecke werden Sie ein hinlängliches Beobachtungskorps sammlen, und in dieser Hinsicht mit den Fürsten und Ständen, welche in die Demarkationslinie eingeschlossen sind, zur Bezielung dieses Endzwecks überein kommen.

Die

Man schätzte die französische Macht im Frühjahr am Ober- und Niederrhein auf mehr als 170,000 Mann, eine Zahl, welcher die Kaiserliche und Reichsarmee nicht gleich kam. Was letzterer aber an der Menge abgieng, wurde durch den Muth, das Vertrauen der Truppen und die persönliche Tapferkeit des neuen Heerführers ersetzt, welchen des Kaisers Majestet an die Stelle des Grafen Klairfait, der das Kommando der Armee niederlegte, zum kommandirenden General der Rheinarmeen ernannte, und dem auch die Würde eines Reichsfeldmarschalls zu Theil wurde. Dieses war der erhabene Bruder des Kaisers, **Erzherzog Karl**. Prinz Karl kam am 12. April 1796 in Mainz an, und besah sogleich die ganze Stellung der kaiserlichen reichsniederrheinischen Armee und jene des F. M. Grafen Wurmser. Im Wesentlichen war die Stellung noch die nemliche, wie zu Ende des vorigen Jahrs. Die Hauptarmee stand jenseits dem Rhein bei Kirn, Meisenheim, ꝛc. F. M. Wurmser verlegte sein Hauptquartier von Mannheim nach Lautern. Auf dem rechten Rheinufer stand der Herzog Ferdinand von Würtenberg an der Sieg bei Mühlheim, ꝛc. und die Gegenden des Oberrheins sollten

---

Die einzige Bestimmung dieser Versammlung ist, das nördliche Deutschland gegen alles, was seiner Sicherheit nachtheilig seyn kann, zu schützen. 7) Der Traktat soll ratifizirt, und die Ratifikationen binnen einem Monat ausgewechselt werden. Berlin den 15. August 1796. Graf Haugwitz, Caillard.

ten die schwäbischen Kreistruppen mit wenigen östreichischen vertheidigen. In den ersten Tagen des Mays ließ der Erzherzog eine allgemeine Bewegung vorwärts über den Rhein machen. Ein kleines Korps gieng nach dem Niederrhein, ein anderes nach Bingen, der größte Theil aber zog über Oppenheim nach Alzey, wohin das Hauptquartier kam. Zu Ende May, und nachdem die neuerdings von Sr. Kurfl. D. zu Sachsen beorderten 10000 Mann, unter abermaligen Kommando des würdigen Gen. Lieut. v. Lind, angelangt waren, rückten die Kaiserlichen noch näher zusammen, und bezogen das Lager bei Baumholder. Vorher schon am 21. May hatte Prinz Karl dem noch immer die feindliche Sambre und Maas-Armee kommandierenden General Jourdan den Waffenstillstand aufkündigen lassen, folglich mußten, des Vertrags gemäß, nach Verlauf der 10tägigen Frist am 1. Juni die Feindseligkeiten ihren Anfang nehmen. Die Absicht des Erzherzogs war, nachdem Er die unglückliche Eröffnung des Feldzugs in Italien, wo kein Waffenstillstand statt gehabt hatte, erfahren, durch eine rasche Diversion auf dem linken Rheinufer, die Uebermacht des Feindes in Italien zu theilen, durch einen glücklichen Anfang der Operationen der dortigen östreichischen Armee Luft zu machen, und das unnennbare Kriegsglück der Franzosen in Welschland zu schwächen, zugleich aber durch eine glückliche Offensive die Möglichkeit zu verschaffen, den Abgang

gang mehrerer tausend Mann zu verbergen und entbehren, welche nach den unglücklichen frühern Vorfällen des Monats April in Italien, Feldmarschall Wurmser dorthin von der Rheinarmee führen mußte. Indessen waren die Franzosen auch am Rhein nicht müsig gewesen: Jourdan hatte seine Armee nach den Niederlagen des vorigen Feldzugs wieder organisirt, viele Verstärkungen aus Frankreich und von der Nordarmee des General Beournonville erhalten, und sich aufs Beßte gerüstet. Ein Korps detachirte er an die Mosel bis nach Birkenfeld, ein anderes nahm die Stellung bei Bonn, ein drittes bei Koblenz, und ein sehr zahlreiches zog gegen die Sieg heran. Dessen ohnerachtet wurde der Feldzug von kaiserlicher Seite auf dem linken Rheinufer glücklich eröffnet, — und ohne die zu gleicher Zeit auf dem rechten Ufer vom Feinde unternommene und reusirte Diversion gegen das deutsche Korps an der Sieg und bei Neuwied, und die darauf gefolgten Umstände, war die größte Hoffnung vorhanden, daß die Absicht des Erzherzogs Karl vollkommen erreicht worden wäre.

Noch ehe der Waffenstillstand ganz zu Ende war, wurde der äußerste Punkt des rechten Flügels des Merkandinischen Korps, welches vor Kreutznach stand, um den rechten Flügel der Hauptarmee und die rückliegenden Gegenden zu decken, vom Feinde angegriffen, wobei das bambberger Kontingent 20 verwundete Gemeine, etliche

che Todte, und 2 bleßirte Offiziers hatte. Am 1. Juni besetzte Gen. v. Schellenberg Kirn, und machte einige Gefangene. Zu Neukirchen (bei Ottweiler) schlug ein Trupp von Vecsay Husaren einen französischen Angriff glücklich ab, tödtete 5 Franzosen und machte 78 zu Gefangenen. Zu gleicher Zeit griff Obrist Jellachich und Rittmeister Graf Trautmannsdorf mit einem Korps Scharfschützen, Uhlanen, und vom Regiment Kinsky den Feind bei St. Wendel an, schlugen ihn über die Blies zurück, und nahmen 8 Offiziers, nebst 290 Gemeinen gefangen, bei welchen Gefechten der deutsche Verlust in 3 Offiziers, und 100 Gemeinen bestand. — Während dieser hoffnungsvollen Eröffnung des Feldzugs wendete aber das Glück an der Sieg den Deutschen den Rücken. Der feindliche kommandirende General Jourdan hatte den General Kleber *) mit etlichen 20000 Mann auf dem rechten Rheinufer gegen die Sieg beordert. Dieser machte am 1. Juni früh einen allgemeinen Angriff auf die ganze Position des um die Hälfte schwächern Korps Sr. D. des Prinzen von Würtenberg, und erzwang, nachdem er 3 mal zurück geschlagen worden, bei der 4ten Attake den Uebergang über den Fluß. Prinz Würtenberg zog sich nach Grobach zurück, wurde jedoch am 3. Juni neuerdings aufs heftigste in dieser Position angegrif-

---

*) Nach öffentlichen Blättern sonst Offizier in K. K. Diensten.

griffen, so daß das Korps Anfangs bis Altenkirchen, und von Neustadt nach Neuwied repliiren
mußte. Plötzlich aber ließen Se. Durchlaucht
das Reservekorps vorrücken, und den Feind angreifen. Die Tapferkeit des Gen. Kienmayr,
und Major Cottyös von Barko, wurde mit dem
beßten Erfolge gekrönt, und der Feind mit Verlust einiger 100 Mann bis Weyerbusch zurück
geworfen, Neustadt auch und die vorige Posten
Chaine wieder besetzt. Der Schrecken hatte
schon die rückliegenden Gegenden ergriffen, der
3. Juni aber ließ die beßte Hoffnung fassen. So
wie jedoch der Feind am 4. Juni einen Haupt-
angriff auf das Korps des Prinzen von Hohen-
lohe Ingelfingen formirte, das Defilee der
Urscher Hütte forcirte, ins Stromberger Thal
eindrang, und 2 mal die Anhöhe von Kandrich
erstieg, von welcher er jedoch wieder vertrieben
wurde, eben so und mit noch größerer Wuth
wurde der F. Z. M. Herzog von Würtemberg am
nemlichen 4ten Juni abermals bei Altenkirchen
und Grobach in 2 Kolonnen von einer großen
feindlichen Macht angegriffen. Der kaiserliche
General vermied hier vorsetzlich eine förmliche
Schlacht, und zog sich gegen Hachenburg und
Höchstenbach zurück, um hier den Feind zu empfangen. Allein dieser hatte bereits den linken
östreichischen Flügel zu engagiren gewußt, so daß
letzterer sich allein überlassen, ein sehr ungleiches
Treffen zu liefern genöthigt war. 2 Bataillons
des Regiments Jordis, und 5 Eskadrons Barko
Husa-

Husaren hatten den steilen Berg bei Altenkirchen besetzt, diese machten die Entscheidung des Siegs am längsten zweifelhaft. 3 mal wurden die Franzosen zurück geschlagen, und erst bei der 4ten Attake drang der 6 mal stärkere Feind durch, und zerstreute die deutschen Truppen, wobei der größte Theil obiger 2 Bataillons und 5 Eskadrons getödtet, gefangen und verwundet wurde. Nun fieng die Lage des Prinzen von Würtenberg an, sehr kritisch zu werden; er mußte befürchten vom Korps des General Finke bei Neuwied gänzlich getrennt zu werden, befahl daher diesem nach Montabaur ꝛc. zu gehen, und sich da mit dem Hauptkorps zu vereinigen: der Herzog selbst retirirte am 5. Juni nach Freilingen, und am 6. nach Molsberg, um Montabaur und dem General Finke näher zu seyn. Hier vernahm er, daß Montabaur schon vom Feinde besetzt sey, — er wurde in seiner Fronte und durch eine gegen Hadamar marschirende feindliche Kolonne in der rechten Flanke bedroht, zog sich daher auf die Anhöhe von Hundsangeln, und sodann über die Lahn, und nach Limburg, wohin das Hauptquartier kam. Der Verlust des würtenbergischen Korps vom 1—8. Juni betrug über 2000 Mann, 10 Kanonen, einen Theil der Bagage, und verschiedne Magazinvorräthe; aber auch der französische läuft über 1000 Mann.

Die bisher erzählten Vorfälle setzten die Gegenden von der Lahn bis nach Frankfurt in Gefahr, und Erzherzog Karl beschloß den bedrängten

Orten

Orten zu Hilfe zu eilen. Er beorderte unverzüglich den Feldzeugmeister Grafen Wartensleben mit einer ansehnlichen Verstärkung dem würtenbergischen Korps zu Hilfe, und das Kommando über das vereinigte Heer zu übernehmen, der Feldmarschall-Lieut. Baron Werneck wurde mit dem aus 7 Battaillons und 12 Eskadrons bestehenden Reserve-Korps zur Unterstützung der Posten bei Wetzlar und Giesen voraus beordert, und der Erzherzog Karl selbst verließ mit dem größten Theile der Hauptarmee das linke Rheinufer, *) gieng am 8. und 9. Juni auf 2 Brücken bei Maynz über den Rhein, lagerte bei Wickert, ließ am 11. das Lager bei Kleinschwalbach beziehen, am 12ten aber bis Homburg vor der Höhe vorrücken. Am 13ten war das Hauptquartier zu Grafenwisbach, Feldmarschall-Lieut. Werneck stand bei Wetzlar und die Sachsen bey Butzbach.

Diez

---

*) Das jenseits des Rheins gewonnene Terrain und die dortige Offensive wurde aufgegeben, und Maynz mit 22000 Mann besetzt. Die Armee des Feldmarschall Wurmser gieng mit jener des Prinzen Karl zugleich zurück. Mehrere tausend Mann unter Kommando des General Hotze stießen zum Erzherzog, ein Korps wurde an Oberrhein beordert, ein anders bezog eine Stellung in den Linien vor Mannheim, und ein großer Theil gieng mit dem grauen Wurmser zur Verstärkung nach Italien. Feldzeugmeister Graf Latur übernahm an dessen Statt die Anführung der Oberrhein-Armee. Am linken Rheinufer waren wenig Franzosen und Kaiserliche, indessen wurde Bingen von ersteren besetzt.

Dietz wurde befestiget, und die deutsche Truppenkette dehnte sich über Wetzlar, und auf der andern Seite nach Naßau aus. Jourdans Hauptquartier war zu Neuwied, und seine Macht an der Lahn schon gegen 60,000 Mann angewachsen, und noch täglich kamen Verstärkungen an. Am 13. Juni ließ Karl Braunfels besetzen, und den Feind von der Brücke bey Leun vertreiben. General-Feldm. Lieut. v. Finke hatte sich, nachdem er Neuwied verlassen müßen (man sehe oben) bei Lahnstein über die Lahn gezogen, und bis auf einige Vorposten bei Naßau, welche den immer nachrückenden Feind beobachten mußten, das rechte Lahnufer verlassen. Diese Posten wurden am 14. Juli früh von etwa 4000 Franzosen angegriffen, über die Lahn zurückgeworfen, und Naßau vom Feinde besetzt; die Tapferkeit des Generals Fink und Obristlieutenant Nordmann vereitelte aber das Vorhaben der Feinde über den Fluß zu setzen. Indessen waren die Verstärkungen bei dem Erzherzog angekommen, und dieser beschloß dem Feinde am 17. Juni eine Schlacht zu liefern; die Franzosen machten es aber zur Nothwendigkeit sich schon am 15ten zu schlagen. Jourdan hatte seine Macht bis gegen Gießen hinausgedehnt. Der Mittelpunkt seiner Stellung, worauf er seine größte Macht legte, waren die Anhöhen von Oberhadamar und Ofheim, Limburg gegen über. Sein rechter Flügel umschlang die Vestung Ehrenbreitstein, der linke dehnte sich bis gegen die Dill hin und wurde durchs Lager bei Herborn gedeckt.

Er

Er hatte Weilburg am rechten Ufer der Lahn gewonnen, und alle Uebergänge über diesen Fluß bis Wetzlar stark besetzt. Es war kein leichtes Unternehmen dem Feinde seinen erhaltenen Vortheil in dieser starken und guten Stellung wieder zu entreissen.

Nachdem am 15ten Juni die verschiedenen Abtheilungen der östreichischen Armee auf ihren angewiesenen Standpunkten *) angekommen waren, übernahm der Erzherzog die Anführung des rechten Flügels, um mit demselben die linke Flanke des Feindes zu tourniren, seine Kommunikation mit Siegburg in Rücken zu bedrohen, während einer raschen Vorrückung die verschiedenen Abtheilungen am linken Lahnufer an sich zu ziehen, und dann in Gemeinschaft des linken Flügels unter Wartensleben die Hauptmacht des Feindes bei Limburg entweder zur Hauptschlacht oder einer schnellen Flucht zu nöthigen. In dieser Rücksicht erhielt der tapfere Obrist Gottesheim von Saxe-Husaren den Auftrag mit einigen 1000 Mann von Giesen gegen Sie-

---

*) Feldzeugmeister Wartensleben mit 25000 Mann vertheidigte die Uebergänge über die Lahn, Karl kommandirte den rechten Flügel der Hauptarmee, G. F. L. Hotze mit 6 Battaillons und 14 Eskadrons stand bey Weilmünster und Mütt gegen Weilburg; Feldmarschall-Lieutenant Kray mit leichten Truppen und 6 Bataillons auf den Höhen bei Braunfels bis an die Lahn, und die Brücke bei Leun; das Korps de Reserve bey Wetzlar, und das sächsische Korps im Lager bey Großrechtenbach.

Stegen hin den Feind im Rücken zu beunruhigen, und Feldmarschall Lieutenant Baron Werneck gieng mit dem Korps de Rerserve bei Wetzlar über die Lahn, und lagerte sich auf den jenseitigen Anhöhen. General Jourdan, der die Gefahr merkte, welche seinem linken Flügel drohte, sandte den General Lefevre mit seiner ganzen Division eiligst von Limburg nach Wetzlar, um das Werneckische Korps, es koste, was es wolle, wieder über die Lahn zurück zu werfen, und sich des Debouche von Wetzlar zu bemächtigen. General *Werneck* ward am 15. Juni mit großer Wuth und Ueberlegenheit angegriffen; um 4 Uhr Nachmittags waren die östreichischen leichten Truppen schon verdrängt, das Dorf Altenberg sammt den dominirenden Anhöhen besetzt, und der Feind machte Miene, den Uebergang über die Lahn zu forciren, welches aber der brave Obristlieutenant Genedegh, der mit einem Grenadier Bataillon und 4 Eskadrons bei Steindorf postirt war, verhinderte. Der Erzherzog, unterrichtet von der Gefahr, worinn sich der Feldmarschall-Lieutenant Werneck befand, eilte selbst auf den Kampfplatz, und ertheilte dem bei Grossrechtenbach gelagerten Korps der Sachsen Befehl, ihm zu folgen. Kaum erblickten die Grenadiere ihren Liebling Karl, als sie aufs neue vorrückten, und den fast verlornen Kampf mit unbeschreiblicher Bravour wieder begannen. Kavallerie und Infanterie wetteiferte miteinander, vor den Augen ihres heldenmüthigen Führers

den

den Preiß der Tapferkeit zu erringen. Die unerschrockenen Chevauxlegers von Karaczay eroberten die mit einer Batterie versehene Höhe von Altstädten, und daselbst 3 Kanonen mit Munitionskarren. Diese kühne That, welche unter Anführung des Obrist Merfeld von Karaczay, des Rittmeister Beyerbeck von Nassau Küraßier, und des Hauptmann Käß vom Generalstabe, ausgeführt wurde, eröffnete die Bahn zum Siege. Das sächsische Korps rückte jetzt auch heran, dessen Kavallerie sich an die österreichischen Grenadiere schloß, und die von Karaczay eroberte Höhe besetzte. Ein hinter dieser Höhe gelegener Wald gab dem Feinde Gelegenheit sich wieder zu sammeln. Jedoch auch hier griffen ihn die Grenadier Bataillons von Frankenbusch, Ulm ꝛc. mit einem mörderischen Kartätschen und Musquetenfeuer an; die Chevauxlegers ließen sich nicht mehr halten, und stürzten zu gleicher Zeit mit der Infanterie in den Wald. Der Feind zog sich auf eine zweite Anhöhe hinter dem Wald, wo er abermals mit unerschrockenem Muthe, das Gefecht zu erneuern, seine Kanonen aufführte. Hier zeichneten sich die sächsischen Husaren und eine Eskadron von Kurland Dragoner, unter der Anführung des sächsischen Generals von Geschwiz, vorzüglich aus. Sie drangen unaufhaltsam durch das stärkeste Feuer, warfen die feindliche Kavallerie über den Haufen, und eroberten das feindliche Geschütz. Während dem die standhafte Tapferkeit

keit der deutschen Krieger den Feind hier mit ansehnlichem Verluste zum Rückzuge zwang, suchte dieser auf dem linken Flügel der Kaiserlichen seine früheren Vortheile zu behaupten. Er hatte daselbst das Dorf Altenberg besetzt, und es kostete den braven Küraßiers von Nassau viel Mühe, ihn vom fernern Vordringen abzuhalten. Jetzt eilte der Erzherzog auch hieher, und theilte dem sächsischen Regiment van der Heyde die Rolle zu, den Feind aus dem Dorfe zu verjagen. Mit klingendem Spiele machte dieses ruhig sein Feuer zweimal durch, und drang dann, ohne weiter einen Schuß zu thun, mit gefälltem Bajonet in das Dorf. Der Feind widerstand diesem heroischen Muthe nicht, er floh unter Begünstigung der Nacht in den Wald. Die heiße Arbeit des Tages war nun rühmlichst für die deutschen Waffen vollbracht; die Bahn zu größern Unternehmungen gebrochen. Vergebens hatte der Feind alle seine Kräfte aufgeboten, um sich in seiner Stellung zu behaupten, und mußte diesen Versuch theuer bezahlen. Der Wald war mit Leichen bedeckt, über 1000 getödtet, und wenigstens 2000 verwundet, (worunter Gen. Lejevre) oder gefangen. Die Sieger hatten 6 Kanonen, 1 Haubize, 1 Fahne, nebst mehreren Munitionskarren und Wägen erobert *). Jourdan war-

---

*) Der deutsche Verlust war, genau berechnet, an Todten, Verwundeten und Vermißten nicht 500 Mann.

wartete die Folgen dieses entscheidenden Schlages*) nicht ab. Er trat mit möglichster Eile in zwei Kolonnen, wovon die größte gegen Montabaur, die andere gegen Altenkirchen zog, seinen Rückzug an. Die verschiedenen kaiserlichen Korps folgten ihm auf dem Fuße nach, konnten dem Feinde aber, bei seiner eilfertigen Flucht, außer einer Kanone und etlichen hundert Gefangenen, welche General Milius, und unter ihm die Majors Devall und Harzany einbrachten, keinen wesentlichen Abbruch mehr thun. Schon am 17. und 18. Juni gieng die eine Kolonne unter Jourdans Anführung bei Neuwied über den Rhein zurück, und behielt blos das dortige tete de pont besetzt. Um den Rückzug der übrigen Truppen zu decken, hatte sich General Lefevre bei Altenkirchen gesetzt. Dieser wurde bis auf die Höhen von Uckerath, wo er sich an die Division des General Kleber anschloß, vom tapfern General Kray verfolgt, wo es am 19. Juni zu einem sehr hitzigen Treffen kam, worinn die Franzosen bei 2000 Mann

ein-

---

*) Außer den bereits genannten Offiziers trugen noch wesentlich zur Entscheidung des Sieges bei: der kursächsische Generallieutenant von Lindt; die Kaiserl. K. Obristlieutenants Frankenbusch, Ulm, Niera; Major Stoizovich; Hauptmann Ried, Rittmeister Graf Schafgötsch (welcher aber auf dem Bette der Ehre starb) Rittmeister Provencer, Hauptmann Geiger, Ruffo, und Vanzelter; der Oberfeuerwerker Stoinick, und die Lieutenants Obirn und Steigentesch.

einbüßten, und gezwungen wurden, auch die Stellung an der Sieg zu verlassen.

Die bisher erzählten glücklichen Fortschritte am Niederrhein ließen die beßte Zukunft hoffen, als die Siegesbahn des königl. Helden Karl gegen Düsseldorf plötzlich durch widrige Ereignisse am Oberrhein unterbrochen wurde. Wurmsers Abmarsch mit einem großen Theile seiner Armee nach Italien und Tyrol, (man sehe S. 9) fiel gerade in den Zeitpunkt, als Erzherzog Karl den Feind am Niederrhein vertrieb. Diesen Zeitpunkt benutzten die Franzosen zu Ausführung eines fürchterlichen Plans, welcher bei der Schwäche der Deutschen, welche den ganzen Strich Landes von der Sieg bis an die Grenzen der Schweiz zu vertheidigen hatten, gelingen mußte. Dieser bestand darinn, die Kaiserlichen an den beiden Enden der Vertheidigungslinie mit dem Kern ihrer Truppen anzugreifen. Den Hauptschlag führte der neue französische kommandirende General der Rhein- und Moselarmee Moreau (der brave Pichegrü hatte das Kommando niedergelegt) am Oberrhein aus, wo er in aller Stille am 24. Juni bei Kehl den Rheinübergang erzwang und sich schnell in Schwaben ausbreitete. Hier waren die Hauptmagazine und Depots der Deutschen, und die Gefahr folglich am größten. Erzherzog Karl eilte daher unverzüglich mit einem großen Theile der niederrheinischen Armee und dem sächsischen Korps aus der Gegend von Neuwied den Rhein herauf,

dem

dem F. Z. M. Grafen Latour zu Hülfe *), und
F. Z. M. Graf Wartensleben behielt das Kommando an der Sieg. Seine Armee betrug nicht mehr als 30000 Mann. Jourdan, welcher von der Schwäche **) der Deutschen unterrichtet war, eilte, sobald er den glücklichen Erfolg der Moreauschen Armee erfahren hatte, dem gemeinschaftlichen Plane zu Folge, sogleich mit seinem mehr als noch einmal so starken Heere, die Kaiserlichen wieder an der Sieg anzugreifen. Bereits am 30. Juni setzten die Divisionen der Generale Lefevre, Collaud und Grenier über die Sieg, und F. Z. M. Wartensleben zog vor der Uebermacht an die Lahn zurück. Am 2. Juli setzte

---

*) Die Kriegsvorfälle der oberrheinischen Armee folgen weiter unten.

**) Es scheint, Prinz Karl habe dem Grafen Wartensleben, nach veränderter Gestalt der Sachen und bei den viel schwächern deutschen Armeen, die Ordre gegeben, die niederrheinische Armee durch Hazardirung einer Hauptschlacht nicht aufs Spiel zu setzen, vertheidigungsweise zu Werke zu gehen, und das Kriegsglück in Schwaben abzuwarten. Falls aber die Moreausche Armee nicht wieder über den Rhein zurück geworfen werden könne, sich gemeinschaftlich mit dem Erzherzog so weit in Deutschland zurück zu ziehen, und den Feind zu locken, bis Verstärkungen aus den kaiserl. Erblanden angekommen seyn würden, und auf einem gewissen Punkte ein Hauptschlag mit sichern Erfolge gewagt werden könne. Die Folge hat wenigstens diesen Plan gerechtfertigt.

setzte darauf Jourdan unterhalb Neuwied bei Bendorf wieder über den Rhein, überfiel das Korps des Generals Finke bei Montabaur, und nöthigte dasselbe mit Verlust etlicher hundert an Todten, Gefangenen und Verwundeten ebenfalls zum Rückzuge an die Lahn. Um die Retirade der Truppen an der Sieg zu decken, eilte General Werneck mit dem Reservekorps von Idstein über Limburg gegen Montabaur, und hielt den Feind mit außerordentlichem Muthe zurück, daß Graf Wartensleben am 5. Juli ungehindert in den Gegenden von Weilburg und Wetzlar ankommen konnte, wo er sich auf den disseitigen Anhöhen der Lahn setzte. Zur Deckung der rechten Flanke, wurde die Vestung Giesen besetzt, und die Anhöhen bei Wetzlar und Weilburg, ingleichen die Uebergänge der Lahn mit Geschütz verwahrt, so daß die Kaiserlichen sich an dem Flusse behaupten zu wollen schienen. Die Feinde unternahmen mehrere Angriffe auf Limburg, die aber für sie mit Verlust abliefen; besonders hitzig war das Gefecht am 6. Juli, welches vom Morgen bis in die Nacht dauerte. Am folgenden Tage erneuerte der Feind die Attake, und wagte einen Sturm auf die Brücke, wurde aber vom General Werneck mit Verlust etlicher hundert Mann zurück getrieben, so daß er sein Vorhaben hier aufgeben mußte. Indem dieses bei Limburg vorgieng, tournirten Jourdan und Kleber das bei Neukirchen postirte kaiserliche Korps, überrumpelten es, und zwangen es mit Verlust von mehr als 1000 Todten, Gefangenen und Verwundeten zum Rückzuge, und da zugleich am 6. Juli ein französisches Korps bei Runckel die Lahn forcirte, so beschloß F. Z. M. Wartensleben die weitere Retirade, und zog sich aufwärts in die Ebenen von Butzbach und Friedberg, wo er sich so lange zu behaupten gedachte, bis das Korps des General Wernek in den Mayngegenden angekommen seyn, und sich mit ihm vereinigt haben würde. Am 9. traf der Vortrapp des Feindes beim Dorfe Obermerl auf das Korps des General Kray, und es entstand ein äußerst hitziges Gefecht, das bis in die Nacht dauerte, und worauf der kaiserl. General sich nach Friedberg zog. Tags darauf wurden die Deutschen bei Friedberg fast von den meisten Divisionen der Jourdanischen Armee angegriffen, und es kam zu einem blutigen Treffen, worinn die Kaiserlichen den Feind dreimal zurück trieben, 800 Gefangene machten, und einen vollständigen Sieg erhalten haben würden, wenn sie nicht endlich von der ausgedehnten Uebermacht des Feindes wären tournirt, und in die Flanke genommen worden. Indessen kostete der 9te und 10. Juli den Franzosen wenigstens 1000 Mann ihrer beßten Leute, da der deutsche Verlust bei weiten geringer war. Der Rückmarsch gieng nach Vilbel und Bergen. Man glaubte F. Z. M. Wartensleben würde in dieser berühmten Stellung dem Feinde ein decisives Treffen liefern, allein der kaiserliche Feldherr suchte jeden

hals

haltbaren Posten nur in der Absicht zu benutzen, um den Feind in Respekt zu halten, den ermüdeten Truppen etwas Ruhe, wenn auch nur auf einen Tag, zu verschaffen, und der Gefahr, bei der Uebermacht des Feindes eingeschlossen zu werden, zu entgehen. Wartensleben wartete daher in Bergen blos die Ankunft des General Werneck ab, und gieng, zumal da die Franzosen von Butzbach nach Aschaffenburg vorzudringen drohten, am 11. Juli bei Offenbach und Frankfurt über den Mayn. Frankfurt blieb jedoch von den Kaiserlichen besetzt, welche Stadt dadurch in eine üble Lage kam. Indessen gewann Wartensleben Zeit seine Dispositionen zum fernern Rückzuge zu machen. Schon am 12. Juli plänkelten die Vorposten ohnweit der Stadt, und noch am nemlichen Tage Abends wurde Frankfurt zur Uebergabe aufgefordert. Da diese vom kaiserlichen Kommandanten abgeschlagen wurde, so fiengen die Franzosen noch in der nemlichen Nacht an, die Stadt zu bombardiren, und dieses wurde in der Nacht auf den 14ten wiederholt, wodurch etliche hundert Häuser in die Asche gelegt, und viele beschädigt wurden, auch etliche Menschen ums Leben kamen. Endlich am 14. Juli Morgens übergaben die Kaiserlichen die Stadt mittels einer vom französischen General Kleber und dem kaiserlichen Obristen Brady unterzeichneten Kapitulation, mittelst welcher ein Waffenstillstand von 48 Stunden verabredet, und nach Verfluß desselben Frankfurt

furt von den Franzosen besetzt *) wurde. Die deutsche Garnison, und was kaiserlich in der Stadt war, durfte abziehen. — Der Feind war in 3 Kolonnen, nemlich eine unter Lefevre über Giesen, die andere unter Collaud über Butzbach, und die dritte über die Gebürge bei Königstein den Oestreichern auf dem Fuße nachgerückt. Am 11. wurde die Bergveste Königstein vom Feinde eingeschlossen, und am 22ten ergab sich die 600 Mann starke Besatzung schon. Nach der Besetzung von Frankfurt am 16ten Juli blieb ein Theil der Sambre und Maasarmee unter General Marceau am rechten Ufer des Rheins zurück, um Maynz und Ehrenbreitstein zu belagern, Jourdan selbst aber mit den Generalen Bernadotte, Lefevre, Kleber ꝛc. folgten mit der Hauptarmee dem Wartenslebischen Heere.

F. Z. M. Graf Wartensleben setzte seine Retirade ins Frankenland fort, bei welcher Gelegenheit am 20. Juli noch ein lebhaftes Gefecht bei Esselbach vorfiel, welches auf beiden Seiten etliche hundert Mann kostete. Die Kaiserlichen ließen dem Feinde jeden Fuß Landes theuer bezahlen, und zogen sich nur langsam zurück. Man fürchtete in Würzburg, daß der kaiserliche

kom-

---

*) Der zum Komendanten ernannte französische General war Darnaud. — Die Franzosen legten der Stadt 8 Millionen Livres Kontribution auf, ausser andern Requisitionen; und da erstere in den äusserst kurzen Terminen nicht bezahlt werden konnte, führten sie Geiseln ab.

kommandirende General sich da zu halten entschlossen seyn möchte, wodurch die Stadt einem Bombardement ausgesetzt worden seyn würde, allein nachdem der größte Theil der Artillerie, Bagage und die Depots der Regimenter über Bayreuth nach Böhmen voraus geschickt worden war, verließen die Kaiserlichen Würzburg. Jourdan schickte ein ansehnliches Korps dahin, an welches sich die Stadt und Citadelle mittelst Kapitulation am 24. Juli ergab, kraft welcher die fürstlichen Truppen sich verpflichteten binnen einem Jahre nicht wider Frankreich zu dienen. Der Stadt wurde eine Kontribution von 5 Millionen Livres auferlegt. Am 2. August darauf ergab sich auch die Vestung Königshofen nach einigem Widerstande an den General Lefevre, welcher dem Würzburgischen G. F. Z. M. Baron Drachsdorf eine ehrenvolle Kapitulation zugestand. — F. Z. M. Wartensleben wendete sich nach der Räumung von Würzburg nach Bamberg, und nahm eine Stellung zwischen Zeil und Eltmann, die Patrouillen giengen über Haßfurt bis gegen Schweinfurt, wo am 28ten Juli schon das Hauptquartier des Generals Jourdan war. Fast täglich fielen zwischen den Vorposten Scharmützel vor. Am 1. August brach Wartensleben aus dem Lager bei Zeil auf und am 2. August kam er bei Bamberg an. Dort verweilte er aber nicht lange; ein Theil der Armee wendete sich über Holfeld gegen Eger, und ein anderer schwenkte sich gegen die Armee des

Erz-

Erzherzogs Karl. Am 4. August besetzten die Franzosen Bamberg, und legten der Stadt eine Kontribution von 2 Millionen Livres auf. Das Korps kaiserlicher, welches am 3ten und 4ten August bei Burg-Ebrach lagerte, wurde mit vieler Heftigkeit angegriffen, und verlor etliche 100 Mann. Es zog nach Höchstätten und Forchheim. Eben so unglücklich war der 7te August. Durch gedungene Verräther wurden die Franzosen über die Gebürge und unwegsamen Defileen geführt, wodurch sie dem F. Z. M. Wartensleben in Rücken kamen, ihn bei Ebersmannstadt überfielen, und mit einem Verluste von mehr als 1000 Mann zum Weichen brachten. Er wandte sich hierauf nach Prezfeld und zog die Truppen aus Forchheim an sich, worauf diese Vestung am 8. Aug. ohne Widerstand vom Feinde besetzt ward. Jourdan beorderte ein Korps nach Nürnberg, welches auch diese Reichsstadt am 10. Aug. in Besitz nahm, legte der Stadt dritthalb Millionen Livres Brandschatzung ausser Requisitionen auf, und führte, wie aller Orten, Geiseln ab. — F. Z. M. Graf Wartensleben wendete sich nun über Neukirchen, Lauff und Herschbruck nach der Oberpfalz, und nahm eine vortheilhafte Stellung bei Sulzbach und Amberg. In dieser wurde er am 19. Aug. aufs heftigste attakirt, und mußte des tapfersten Widerstandes ohnerachtet, erst Sulzbach und hernach Amberg verlassen, worndächst die Franzosen (die pfalzbaierische Garnison war vorher schon

schon abgezogen) in diese oberpfälzische Regierungsstadt einzogen, und solcher 1 Mill. Livres Brandschatzung ansetzten, bei ihrem nachmaligen Abzuge auch die ansehnlichsten Personen, z. E. den Erbstatthalter Grafen Hollstein, Regierungs-Präsidenten Grafen Taufkirch ꝛc. als Geiseln mit fortschleppten.

Nach dem Verluste von Sulzbach und Amberg wählte Wartensleben die vortrefliche Position bei Schwarzenfeld an der Nab. *) — Jourdan hatte nur noch einige Stunden nach Böhmen und Regensburg, er und Moreau (Befehlshaber der gegen den Erzherzog Karl stehenden Armee) vom Glücke berauscht, bestimmten schon den Tag, wo sie in Böhmen, Regensburg, München ꝛc. einrücken wollten, niemand erlaubte sich, durchs Unglück gebeugt, den Gedanken einer plötzlichen Glücksveränderung; die Rhein-Mayn-Gegenden, Schwaben, Franken, und ein Theil der Oberpfalz seufzte unter der verheerenden Gewalt der Franzosen, welche ihrer feierlich bekannt gemachten Proklamationen wenig ingedenk, weder Eigenthum, noch Stand, noch Alter achteten, sondern sich (größten Theils) die gröbsten Greuelthaten erlaubten; 200000 Franzmänner lebten auf Deutschlands Unkosten,
und

---

*) Auf dem ganzen Rückzuge verloren die Deutschen nicht mehr als 10 Kanonen, und an Magazinen. Welcher Abstand von dem nachmaligen Rückzuge des Feindes!

und so erwartete man die schlimmste Zukunft. Aber die Vorsehung hatte es anders beschlossen, das Geschrey so vieler Tausend Unglücklichen drang zum Allmächtigen. Eben so betäubend als die Fortschritte des Feindes gewesen waren, so und noch verderblicher folgte ihm von nun an eine Niederlage nach der andern auf dem Fuße. — Hier war der Ort, wohin Erzherzog Karl den Feind zu locken gesucht hatte; die erwarteten Verstärkungen aus den Erblanden waren theils schon angekommen, theils in der Nähe, und in der Maaße, als der Feind durch die weite Entfernung von seinen Grenzen Schwierigkeiten zu bekämpfen hatte, war nunmehro die Lage der Kaiserlichen günstiger.

Am Oberrhein hatte der feindliche kommandirende General Moreau (s. Seite 20) um seinen wahren Plan zu verbergen, am 14. Juni einen wüthenden Angriff auf die Stellung des F. M. Wurmser bei Rehhütte, Schifferstadt und Mutterstadt gethan, und ihn veranlaßt über den Rhein zurück zu gehen. Zu gleicher Zeit ließ er auch Hüningen allarmiren, und schien daselbst so wie bei Mannheim etwas Entscheidendes unternehmen zu wollen. Nachdem er nun die Aufmerksamkeit des, an Wurmsers Statt, die deutsche oberrheinische Armee kommandirenden F. Z. M. Grafen Latour dorthin gezogen hatte, wandte er sich plötzlich mit der ganzen Macht gegen Strasburg, setzte in der Nacht vom 23 — 24 Juni bei der Wanzenau

nau in 3 Kolonnen unter den Generalen Lajólais, Decamp und Monttichard mit 20000 Mann über den Rhein, und vereinigte, nachdem man sich der deutschen Batterien auf den Rheinköpfen bemächtigt hatte, die übergesetzten Truppen in den Ebenen von Kehl, überfiel sodenn das Dorf und die Veste Kehl, nahm beides nach muthvoller Gegenwehr der schwäbischen Kreistruppen ein, machte die aus mehreren hundert Mann bestandene Besatzung zu Gefangenen, und eroberte 20 Kanonen. Der Uebergang kostete den Franzosen kaum in allem 500 Mann. Schnell wurde nun die Schiffbrücke über den Rhein hergestellt, und am 25. Juni paßirte Moreau, und unter ihm die Generals Dessaix, Ferino, und Beaupy ꝛc. mit dem größten Theile der französischen Armee darüber. Der Schwäbische F. Z. M. Baron Stain sammelte zwar sein Korps und brach am 25. Juni aus dem Hauptquartier Kork auf, um Kehl wieder zu erobern, und den Feind nach Strasburg zurück zu jagen, aber es war zu spät; die Franzosen hatten schon vesten Fuß gefaßt, und eine furchtbare Armee und Artillerie auf dem rechten Rheinufer. Auch die tapfern Angriffe der kaiserlichen Generale Stzarray, Fürst Fürstenberg, Risch ꝛc., welche herbei geeilt waren, liefen (obgleich man Anfangs Vortheile errungen hatte) am 26. und 27. Juni unglücklich ab, und kosteten gegen 800 Mann. Jedoch verloren die Feinde nach ihrem eignen Geständnisse ebenfalls mehrere Hunderte, unter welchen der Adjutant des General Dessaix war. Schnell breiteten sich nun die Republikaner bis gegen Offenburg aus, Kehl wurde eiligst bevestigt, und in kurzer Zeit hatte Moreau an Kehl einen eben so vesten Punkt am Oberrhein, als Jourdan am Niederrhein, an Düsseldorf hatte.

Am 28. Juni wurde ein Korps kaiserlicher und Reichstruppen bei Renchen ohnweit Willstadt mit großer Ueberlegenheit angegriffen, verlor 200 an Gefangenen und 6 Kanonen. Die Anzahl des Feindes vergrößerte sich in jenen Gegenden täglich, so wie der Schrecken allgemein ward. Am 29. zog ein Korps in Oppenau ein, wurde zwar am 1. Juli wieder vertrieben, kam aber verstärkt und behauptete den Ort. Eine andere Abtheilung Republikaner bemächtigte sich, nach tapferm Widerstande, am 2. Juli der wichtigen Pässe am Kniebis am Oberschwarzwald, worauf die kaiserlichen und schwäbischen Truppen Freudenstadt verließen, und über Nagold zurück giengen. *) Auf der andern Seite drangen die Franzosen über Haslach ins Kinzinger Thal, ihre Hauptmacht aber wendete sich über Bühl gegen Rastadt. — Erzherzog Karl hatte, wie schon oben S. 20 erwähnt worden, kaum die bedenklichen Umstände

in

---

*) Bei diesen Vorfällen zeichneten sich die Wirtembergischen Truppen und General Milius besonders aus. Der fr. Gen. Laroche wurde verwundet

in Schwaben erfahren, als er mit einem großen Theile der Niederrheinarmee nebst den Sachsen, der durch den Abmarsch vieler Truppen geschwächten oberrheinischen Armee den Rhein herauf zu Hülfe eilte, um wo möglich durch seine Tapferkeit und Muth den General Moreau wieder über den Rhein zurück zu schlagen. Einstweilen bis zur Ankunft des Prinzen war F. Z. M. Latour mit dem Reste des bei Schwetzingen gestandenen Wurmserischen Heeres schon ins Baadische vorgerückt, und hatte bereits mehrere hitzige Gefechte bei Offenburg und Rastadt mit dem Feinde gehabt, die manchen Franzmann das Leben kosteten. Moreau, welcher bei seiner Uebermacht keinen Menschenverlust achtete, drang, wenn auch eine Kolonne der Kaiserlichen hier siegreich war, dort mit verstärkter Macht durch. In solchen kritischen Umständen traf Karl am 3. Juli in Karlsruhe ein. Moreau hatte einen Heerhaufen, der sich auf 80000, nach Sieg und Beute dürstender Menschen belief. Alle Umstände trafen zu Gunsten des Feindes zusammen: Erzherzog Karl, welcher durch Tapferkeit und den Muth seiner viel schwächern Armee den feindlichen Heerhaufen zurück zu treiben hoffte, wurde in jenem kritischen Zeitpunkte von dem Korps der Sachsen, welches, nachdem der obersächsische Kreis (siehe Seite 5) dem Neutralitätsvertrage beigetreten war, nach Hause zog, verlassen. Die schreienden Greuelthaten der Republikaner erfüllten alles

mit

mit Schrecken; statt auf Gegenwehr zu denken, überließ man sich der Verzweiflung; die, während des ganzen Kriegs von Frankreich beobachtete Politik, einen Alliirten nach dem andern von dem großen Bunde abzuziehen, wurde auch hier beobachtet, indem Würtemberg, Baaden, der Schwäbische Kreis ꝛc. Partikular-Verträge errichteten, *) und worauf auch
diese

---

*) Ihro Herzogl. Durchlaucht zu Würtemberg schlossen am 17. Juli mit Inbegriff der Reichsstädte Eßlingen und Reutlingen zu Baaden durch Ihren Minister Bar. Mendelslohe einen Waffenstillstand, worinn Sie sich anheischig machten, den Franzosen den Durchzug durch Ihr Gebiet zu gestatten, frei einzuquartieren, ihre Kontingente von der Reichsarmee zurück zu ziehen, 4 Mill. Livres zu bezahlen, 4200 Pferde, 100000 Centner Getraide, 50000 Centner Haber, 100000 Centner Heu und 50000 Paar Schuh zu liefern. Einen ähnlichen Waffenstillstand schloß der Markgraf von Baaden zu Stuttgard am 25. Juli durch Freihrn. von Reitzenstein und Lörrach, mittelst welchem er sich anheischig machte 2 Mill. Livres zu bezahlen, 1000 Pferde, 500 Ochsen, 25000 Centner Getraide, 12000 Säcke Haber, 50000 Centner Heu und 25000 Paar Schuh zu kontribuiren. Am 27. Juli wurde auch mit dem ganzen Schwäbischen Kreise ein Vertrag zu Stuttgard geschlossen, in welchem sich der Kreis verbindlich machte, 12 Millionen Livres zu bezahlen, 8000 Pferde, 5000 Ochsen, 150000 Centner Brodfrüchte, 100000 Säcke Haber, 150000 Centner Heu und 100000 Paar Schuh zu liefern. Ueberdem sollten die fürstlichen Abteien Kempten, Lindau, Buchau,
die

diese ihre Truppen zurückzogen; und so war die östreichische Armee, nebst der kleinen Emigranten Schaar, alleine auf dem Kampfplatze. Erzherzog Karl hatte also alle Talente eines großen Heerführers nöthig, um sich, zumal bei der noch bedenklichern Lage der Wartenslebischen Armee und der Ueberlegenheit des Moreau, aus dem Labyrinthe zu ziehen. Er that es auf eine Art, welche ihn auf immer mit Ruhm bedecken wird. Es konnte bei der veränderten Gestalt der Sachen, jetzt nicht wohl mehr die Rede davon seyn, den ersten Theil des oben Seite 21 erwähnten Plans auszuführen, vielmehr erwählte der Prinz den viel sicheren Weg des Rückzugs bis zu einem gewissen Punkte, wenn nemlich die Verstärkungen angekommen seyn würden, und man den Feind in eine Falle gelockt hätte. Die großen Entwürfe des Heerführers entwickelten sich dann erst in jenem schrecklichen Zeitpunkte, wo man die östreichischen Armeen vernichtet, und alles verloren glaubte.

Gene=

---

die Reichsprälaten-Bank, nebst allen andern Abteien und Klöstern noch besonders 7 Mill. Livres entrichten. — Bei dem Vordringen des Jourdanschen Heeres in Franken schloß General Ernouf mit den Bevollmächtigten des Fränkischen Kreises H. v. Zwanziger und Oberkamp einen ähnlichen Vertrag, wornach sich derselbe zu 6 Mill. Livres, 2 Mill. an Naturalien und 2000 Kavallerie Pferden ꝛc. verbindlich machte. Jourdan verwarf diesen Waffenstillstand aber in der Folge.

General Moreau, welcher von der Ankunft des Erzherzogs Karl zu Karlsruhe unterrichtet war, und wußte, daß die Verstärkungen vom Niederrhein unter Werneck und Hoze unmittelbar nachfolgen würden, dem auch die Absicht des Prinzen, ihn am 6. Juli mit gesammter Macht anzugreifen, durchs Kapeler Thal und Baaden durchzubrechen, und so durch einen entscheidenden Schlag alle bisherigen Vorschritte unnütze zu machen, verrathen seyn mußte, eilte der deutschen Armee zuvor zu kommen, und griff am 5. Juli die ganze Postenkette der Oestreicher, welche sich an die Murg gezogen hatten, längst dem Rhein hin, bis an das Gebürg mit seiner ganzen Macht an. Die Schlacht dauerte bis in die Nacht mit größter Anstrengung von beiden Seiten. Auf dem linken deutschen Flügel bei Bischweyer und Kuppenheim war das Gefecht am heftigsten. Durch die große Ueberzahl des Feindes gelang es den französischen Generals St. Cyr und Taponier die deutschen Stellungen an dem Ursprung der Alb zu überflügeln. Die Feinde wurden 4 mal bei Herrnalb, Frauenalb und Rotensohl zurück geworfen, und erst beim 5ten mit frischen Truppen wiederholten Angriffe wichen die Deutschen. Der linke französische Flügel unter den Generals Dessair, Delmas, St. Suzanne und Decaen attakirten bei Malsch, Muckensturm und Bittingen. Auch hier war der Vortheil auf feindlicher Seite. Der Feind forcirte die Murg, drang seitwärts Rastadt

Stadt vor, und besetzte die Stadt, welche vieles litt. Auf der Gebürgsseite zogen die Deutschen durch Baaden zurück, hielten sich zwar noch einige Stunden bei Gernsbach, mußten aber endlich weichen. Die deutsche Armee wurde durch dieses unglückliche Treffen genöthigt, Ettlingen, Durlach und Karlsruhe zu räumen, und eine neue Stellung zwischen Rastadt, Karlsruhe, Pforzheim und Herrnalb zu nehmen. Auch war der vorerwähnte Plan des Erzherzogs hierdurch ganz vereitelt. Sicher war der Verlust in dieser hitzigen Schlacht auf beiden Seiten gleich; man kann an Todten, und Verwundeten bei der kaiserlichen Armee 2000 Mann annehmen. Nach französischer Angabe wollte Moreau auch mehr als 1000 Gefangene gemacht haben. — Während dieser Ereignisse hatte das Condeische Korps seine Stellung zu Riegels zwischen Offenburg und Freiburg, wurde aber am 3. Juli attakirt, und mit Verlust von 100 Mann, nach einem ehrenvollen Widerstande vertrieben. Es näherte sich, weil auch im Breisgau Gefahr vorhanden war, über Villingen der Donau, und wendete sich mit dem Korps der Generale Fröhlich und Wolf nach den Vorarlbergischen Landen, um Tyrol auf dieser Seite zu decken. Im Breisgau hatte sich nemlich bisher der kommandirende General Feldmarschall-Lieutenant Baron Fröhlich, so wie General Major Wolf zu Bregenz gegen die Angriffe des französischen Generals Ferino, no,*) welcher den feindlichen rechten Flügel kommandirte, aufs tapferste vertheidigt, und vorzüglich am 7. Juli dem Feinde bei einem Angriffe, durch die Bravour des Majors Frimon, der treuen Freiburger Landesvertheidiger und des aufgebotenen Landsturms, einen mehrere Hundert betragenden Verlust zugefügt; nachdem aber die am 9. Juli vom Erzherzog auf den Feind gemachten Angriffe durch Umstände ungünstig ausfielen, so war F. M. L. Fröhlich, um nicht eingeschlossen und abgeschnitten zu werden, genöthigt, ebenfalls den Rückzug zu nehmen. Er zog sich über Villingen, Stockach und Ueberlingen nach dem Vorarlbergischen Landen, um diese und Tyrol zu decken; — und nun stand Breisgau, Freiburg ꝛc. dem Feinde offen. — Die Franzosen verbreiteten sich in 3 starken Kolonnen in Schwaben. Ihre Uebermacht wuchs mit jedem Tage, da Moreau alle Truppen von der Rhein und Moselarmee dergestalt an sich zog, daß die Positionen bei Mannheim, Lautern, Zweibrücken und die Gegend bis an die Saar, ja sogar die berüchtigten Germersheimer Linien verlassen standen, daher auch die Mannheimer Besatzung jene Werke demolirte.

Nach dem unglücklichen Vorgange am 5ten Juli, waren die noch zurück gewesenen kaiserl. Verstärkungen und das Korps der Sachsen bei der erzherzoglichen Armee zwischen Ettlingen und

Mahl-

---

*) Sonst K. K. Hauptmann des Regiments Beuder.

Mahlberg angekommen, es fielen täglich Gefechte vor, und Prinz Karl entschloß sich zu einem allgemeinen Angriffe des Feindes, theils um sich der Gebürge wieder zu versichern, worinn sich Moreau schon vest gesetzt hatte, und ohne welche jede Unternehmung gefährlich war, theils weil der Erzherzog wegen Philippsburg und Mannheim in Sorgen stand, und endlich um dem General Fröhlich, der sich ohne Gefahr im Breisgau nicht länger halten konnte, Luft zu machen. Karl wollte, wenn er einen vollständigen Sieg erlangen würde, sodenn wieder an die Lahn eilen, und dort dem Feinde von neuem Einhalt thun. Der Plan des Erzherzogs war in 3 Kolonnen über die Murg zu gehen: General Keim sollte mit der ersten und stärksten im Gebürg vordringen, den Uebergang bei Gernsbach forciren, und sich gegen Baaden wenden; die 2te Kolonne unter Gen. Stzarray, wobei sich der Prinz selbst befand, hatte Befehl, bei Kuppenheim zu attakiren, und F. Z. M. Latour hatte Ordre mit der dritten auf der Rheinstraße durch Rastadt durchzubrechen. Die 3 Kolonnen sollten alsdenn gegen Stollhofen, Bühl und im Gebürge gegen Forbach weiter vorrücken. Verschiedene Unbequemlichkeiten verhinderten jedoch vorgedachten Plan eher als am 10. Juli auszuführen, allein schon am 9. Mittag wurde General Keim bei Rothensol, und bald darauf auch die ganze deutsche Vorpostenkette bei Maltsch und Bettingen angegriffen. Zwar trieb

man

man den Feind allenthalben zurück, auch erfochten die 2te und 3te Kolonne bei dem Angriffe am 10ten Früh einen vollständigen Sieg über die Franzosen, machten 500 Gefangene, und eroberten einige Kanonen, wollten auch schon den Sieg weiter benutzen, als die Nachricht einlief, daß die Kolonne des Generals Keim, nach 4 blutigen glücklich abgeschlagenen Angriffen der Franzosen endlich doch aus dem Gebürge verdrängt worden sey. Um dieses Korps, welches abgeschnitten werden konnte, zu unterstützen, sah sich Prinz Karl genöthigt, die errungenen Vortheile aufzugeben, und sich nach Pforzheim zu ziehen, wo er die ganze Armee vereinigte. Dieser mislungene Versuch zeigte dem teutschen Heerführer die gar zu große feindliche Uebermacht nur zu sehr, und er beschloß daher den fernern Rückzug der kaiserl. Armee, detachirte ein Korps an den Neckar, um die bis dahin bei Schwetzingen gestandenen Truppen an sich zu ziehen, die Hauptarmee aber nahm die Retirade durchs Würtembergische. Der Verlust im obigen Treffen an Todten, Gefangenen und Verwundeten betrug von deutscher Seite ohngefehr 1800 Mann, der französische war nicht geringer.

Der feindliche Heerführer verweilte, nach Besetzung der Baadenschen Lande, nicht lange, sondern wendete sich gegen Stuttgard. Dies bewog den Erzherzog über Waiblingen nach Ludwigsburg zu marschieren, und seine Vorposten

bis

bis Kanstadt zu stellen. Die Franzosen drangen hierauf durch Stuttgard vor, und griffen die kaiserlichen Vorposten bei Kanstadt an, welche aber Verstärkung erhielten, und die Franzosen nach einem 6 Stunden langen Gefechte, wobei Stuttgard durchs beederseitige Artillerie Feuer viel litte, zurück schlugen. Am 19. nahm die östreichische Armee ihre Position hinter Kanstadt. Von da zog sie nach Eßlingen, wo es am 21. Juli zu einer hitzigen Aktion kam, welche 10 Stunden dauerte. Die Franzosen griffen mit immer frischen Truppen aus Waldungen her die Kaiserlichen an, wurden aber immer zurückgetrieben, und zogen sich endlich Nachts in den Wald zurück. Es kostete ihnen dieser Tag wenigstens 1000 Mann, meistens durchs Haubitzen Feuer getödtet. Der Verlust von kaiserlicher Seite bestand an Todten, Verwundeten und Vermißten in 577 Mann. Erzherzog Karl zog sich demnächst theils über Göppingen, theils über Schorndorf nach Schwäbisch-Gemünd, wo am 25. Juli das Hauptquartier war, und von da nach Aalen. Die Franzosen folgten in 2 Kolonnen auf dem Fuße nach, doch in solcher Entfernung, daß es zu einem bedeutenden Gefechte kam. Ein Korps der erzherzoglichen Armee unter General Hotze gieng über Geislingen und Ulm zurück. Am 1. August machte die französische Armee Anstalten die Kaiserlichen bei Aalen anzugreifen, und diese Attake hatte am 2ten wirklich Statt. Der deutsche rechte Flügel

hatte

hatte einigen Verlust und zog sich zurück, worauf die Armee am 3. August aufbrach und sich über Nördlingen gegen Donauwörth wendete. Da indessen General Moreau der östreichischen Armee gar zu nahe folgte, entschloß sich der Erzherzog, ihm in der vortheilhaften Stellung bei Nördlingen ein Treffen zu liefern, und zurück zu treiben, damit er den vorgesetzten Plan, welcher bald zu seiner Reife gediehe, desto ungehinderter ausführen könnte. Er griff die feindliche Armee am 11. August auf der ganzen Linie an, und gewann einen vollständigen Sieg. 1000 Franzosen blieben auf der Wahlstadt, 900 wurden gefangen, 3 Kanonen erobert, und der Feind 4 Stunden weit bis hinter Neresheim verfolgt. Man glaubte durchgängig Prinz Karl würde nun wieder vorrücken, allein seinem Plane zu Folge gieng er vielmehr noch weiter zurück, und paßirte bei Donauwörth die Donau; bei welcher Gelegenheit am 13. Aug. die Arriere-Garde noch eine Aktion auszuhalten hatte. Die feindliche Armee gieng ebenfalls bei Donauwörth über den Fluß, und noch ein anderes Korps unter General Ferino, welches am 6. August Ulm besetzte, zog am rechten Ufer der Donau heran. Derjenige Theil der französischen Armee, welcher durchs Breisgau vorgedrungen war, zog nach dem Bodensee, nahm Kostanz ein, besetzte Lindau, ɔc. und auch die Vorarlbergischen Lande waren der größten Gefahr ausgesetzt.

Nach

Nach dem Rückzuge der Deutschen über die Donau mußten diese den Lech und Isarstrom in Baiern zur Brustwehre nehmen. Vom Glücke trunken erlaubten sich die fränkischen Heerführer nicht einmal den Gedanken, daß die Oestreicher ihnen wieder gefährlich werden könnten. Moreau und Jourdan zählten mit Gewißheit auf die Vereinigung ihrer beiden Armeen, um das Häuflein der Oestreicher vollends zu zernichten, und die französischen Offiziers fragten schon nach der Entfernung der kaiserlichen Residenz, wo sie dem Oberhaupte des deutschen Reichs den Frieden zu diktiren hofften. Das Glück hatte ihnen bisher auf eine so beispiellose Weise gehuldigt, daß sie glaubten, ohne gehörige Besetzung der rückliegenden Gegenden, selbst die 4 unbezwungenen Vestungen Maynz, Mannheim, Ehrenbreitstein und Philippsburg *) im Rücken, einen so weiten Zug ins Herz

---

*) Von aller Verbindung mit den Armeen abgeschnitten, rechnete der Feind auf ihren gewissen Fall. Er begnügte sich daher Philippsburg durch ein kleines Korps unter General Scherb zu beobachten, um Mannheim schien er sich gar nicht zu bekümmern, und blos Ehrenbreitstein wurde förmlich, jedoch ohne Erfolg, belagert. Der Feind beschoß es mehrmals, und unternahm Angriffe, die aber von dem tapferen Kommendanten Baron Sechter abgeschlagen wurden, und dem Feinde etliche tausend Mann kosteten. Maynz wurde durch General Marceau mehr blockirt als belagert.
Die

Herz von Deutschland wagen zu dürfen, welcher Umstand aber freilich bei dem veränderten nachmaligen Kriegsglücke zu ihrem Verderben ausschlug; denn nie hätten ihnen die Landleute so vielen Abbruch thun können, wenn hinlängliche französische Truppen in den rückliegenden Gegenden gestanden hätten.

Durch den fernern Rückzug des Prinzen Karl nach dem Siege bei Nördlingen wurde der Feind sicher gemacht. Kaum hatte der Erzherzog einige Verstärkungen erhalten, als er sich plötzlich und unvermuthet mit einem Korps von 20000 gegen Ingolstadt wendete, daselbst am 17. Aug. über die Donau gieng, die Truppen am 19ten durch die Defileen am Altmühler Flusse nach Dietfurt, und von da in einigen beschwerlichen Märschen durch die wilde Gebürgsgegenden nach Herrnried führte,

---

Die Besatzung that öftere glückliche Ausfälle, die Artillerie der Vestung verursachte dem Feinde bei seinen Arbeiten, um sich zu nähern, vielen Schaden, und durch die Flotille des Obristlieutenants Williams unterstützt, verhinderte sie eine förmliche Belagerung. Besonders wichtig waren die Ausfälle, welche der tapfere Gouverneur Baron Neu am 31. Juli und 2. August unternehmen ließ. Im ersten wurde die Frankfurter Garnison aus den Betten geholt, im andern drangen die Deutschen bis Keltersbach vor, der Kommandant von Frankfurt Darnaud wurde verwundet, und Vorräthe an Korn, Hafer, Vieh ꝛc. in die Vestung geschafft.

te, wo er am 21. auf den dasigen Höhen lagerte, indessen General Hoße bei Bailngries und Berching vorrückte, und die Avantgarde unter dem Prinzen Lichtenstein, gegen Neumark und Teiningen Posto faßte. Seite 28 — 29 ist gesagt worden, daß F. Z. M. Wartensleben sich nach dem Verluste von Amberg bei Schwarzenfeld gesetzt habe. Jourdan hatte beschlossen, durch einen entscheidenden Angriff am 22. Aug. die schwache deutsche Armee vollends aufzureiben. Seine Armee bildete in der Weite eines Kanonen Schusses von den Oesterreichern einen großen Halbzirkel, dessen Mittelpunkt von ihm selbst angeführt gegen Schwarzenfeld vorsprang. Der linke Flügel unter Lefevre stand an der Nab bei Nabburg, und der rechte unter Bernadotte auf den Höhen von Teiningen. An eben dem 22. Aug., an welchem Jourdan das Wartenslebische Häuflein aufzureiben dachte, ließ Prinz Karl durch den tapfern Grafen Nauendorf den rechten französischen Flügel auf den dominirenden Anhöhen von Teiningen angreifen. Nauendorf durch einen allgemeinen Angriff mit der Reuterei gab dem Gefechte den Ausschlag, das Bernadottische Korps wurde von den Anhöhen geworfen, vollkommen geschlagen, und gerieth auf der Flucht in eine solche Unordnung, daß der größte Theil zerstreut retirirte, und nur 2 Bataillons beim Jourdan ankamen. Prinz Karl verfolgte seinen Vortheil, warf einen Theil seiner Macht in die Lücke zwischen Bernadotte

und

und Jourdan, trennte sie und bedrohte letztern im Rücken und in der Flanke. Er gieng dem geschlagenen Feinde auf dem Fuße nach, und vereinigte sich am 23. August bei Neumark mit dem Korps des Gen. Hotze. Sogleich wurde der Feind aus diesem Orte vertrieben, und bis Altdorf und Kastel verfolgt. Nun schickte Karl dem General Wartensleben den Befehl zu, den vor ihm stehenden Feind unverzüglich anzugreifen, ohne auf seine Zahl zu achten; der Erzherzog selbst rückte zwischen Amberg und Schwarzenfeld vor, und General Hotze eilte mit einem Korps nach Lauf, um dem Feinde in Rücken zu kommen. Jourdan hatte sich nach der Niederlage des Bernadotte nach Amberg zurückgezogen. Er schickte den Kern seiner Kavallerie und seine wohl bediente reitende Artillerie dem gegen Amberg vordringenden Erzherzog entgegen, welcher solche aber bis ins Thal von Amberg zurück trieb. Am nemlichen 24. August attakirte Wartensleben zu gleicher Zeit von vorne, und es entstand die in den Folgen so wichtige, blutige Schlacht bei Amberg. Werneck an der Spitze der Grenadiers griff die Höhen von Amberg an, vertrieb die Franzosen, jagte sie durch die Stadt bis auf den Galgenberg, schickte ein Korps Kavallerie gegen Sulzbach, um ihnen die Retirade dorthin abzuschneiden, und griff sie nun auch auf dem Galgenberge an. Die französische Infanterie formirte sich in ein Quarre, hinter welchem die Kavallerie stand. Zweimal
prell-

prellten die Oestreicher Husaren davor zurück, bis die Kuraßiers von Mack durchdrangen, und den Feind zur Flucht brachten. Es erfolgte nun ein großes Blutbad unter dem Feinde, welcher nach seiner eignen Angabe an Todten und Verwundeten 4000 Mann, nebst 1000 Gefangenen einbüßte. Die Kaiserlichen verloren kaum 100 Mann. Während der Bataille erfolgte die Vereinigung des Erzherzoglichen und Wartenslebischen Korps, wodurch die Niederlage des Feindes vollkommen wurde. Unterdessen war Fürst Lichtenstein mit einem Korps nach Nürnberg geeilt, hatte dort den Weg versperrt, im Verfolgen mehrere Gefangene gemacht, 31 Kanonen erobert, und den Feind genöthigt am 24. Aug. Nürnberg zu verlassen, so wie ihn auch General Hotze aus Lauf vertrieb und Herspruck besetzte. Das Schloß Rotenburg ergab sich mit 100 Mann und 8 Kanonen. — Die Schlacht bei Amberg entschied fürchterlich wider die hochmüthige Jourdanische Armee. Die prahlenden Franzosen, welche bis in die Kaiserstadt vorzudringen wähnten, flohen in der größten Bestürzung in einzelnen Haufen, — weil die Verbindung der Divisionen untereinander aufgelöst war. Jourdan wollte sich gegen Velden und Forchheim wenden, um da die zerstreuten Korps wieder zu sammlen, aber die Deutschen waren ihm schon zuvorgekommen, er mußte sich also seitwärts durch Nebenwege nach der nördlichen Gegend der Oberpfalz hinziehen. Indessen hatten sich
doch

doch bei Forchheim 3 Divisionen vereinigt, welche sich schlenen behaupten zu wollen, da aber Jourdan vergeblich erwartet wurde, so verließen sie am 29. Aug. jene Gegend, und zogen nach Bamberg, wo sich endlich der größte Theil der zerstreuten Armee einfand, jedoch meistens ohne Bagage, viele ohne Waffen. Die fürchterlichsten Feinde der Franzosen waren nunmehro die Bauern, welche ihnen den größten Schaden auf dem Rückzuge zufügten. Durch die unerhörtesten Mißhandlungen, Erpressungen und Greuelthaten zur Verzweiflung gebracht, griffen die Landleute aller Orten in der Oberpfalz, im Fränkischen, im Spessart ꝛc. einzelne Trupps, und sogar Korps mit Gewehr, Sensen, Heugabeln ꝛc. an, erschlugen sie oder machten sie zu Gefangenen, so daß die Furcht des Feindes größer vor denen zur Verzweiflung gebrachten Bauern, als den deutschen Truppen war, denen sie sich zur Schonung des Lebens ergaben. *) Dafür rächeten

---

*) Als ruhmwürdige Beispiele von deutschen Patriotismus verdienen, unter mehreren andern, die Einwohner von Kirchenthumbach, und die Bürger von Kemnath in der Oberpfalz der Nachkommenschaft aufzubehalten zu werden. Erstere zogen unter Anführung ihres Pflegskommissärs von Semmer gegen den Feind aus und siegten, und letztere schlugen unter Kommando des Landrichters Baron Grafenreuth 300 Franzosen in die Flucht, tödteten viele, und nahmen mehrere gefangen; aber auch etliche Bürger der Stadt starben

ten sie sich aber freilich, hier und da, durch die ausgelassensten Verheerungen, Plünderung und Einäscherung ganzer Orthschafter, wie z. E. des bambergischen Städtchens Ebermannstadt.

Als der Erzherzog den großen Zweck, die Auseinandersprengung der Jourdanschen Armee erreicht hatte, detachirte er den F. M. L. Grafen Nauendorf über Regensburg mit 10000 Mann dem F. Z. M. Latour zu Hülfe, welcher nach dem Abgang des Erzherzogs das Kommando über die oberrheinische Armee oder die Truppen am Lech und der Isar führte, und welchem Moreau hart zu setzte. Prinz Karl selbst rückte mit der Hauptarmee in schnellen Märschen dem Jourdan auf der Ferse nach, und ließ die Avantgarde unter Lichtenstein und Hotze sich immer zur Seite gehen. — Ob sich gleich der größte Theil der französischen Armee bei Bamberg gesammelt hatte, so konnte sie sich doch da nicht behaupten, weil Karl wider sie im Anzuge war. Jourdan wollte sich nun über Burgebrach nach Würzburg wenden, konnte aber nicht durchbringen, weil der Weg schon versperrt war, und gieng nun nach Zeil. Die Eilfertigkeit, womit die Franzosen Bamberg verlassen mußten, rettete die Stadt vor der gedrohten Verheerung. General Kray bemächtigte sich am 30. Aug. der

Stadt

---

ben den Tod fürs Vaterland. — Die Spessarter Bauern errichteten eine kleine Armee unter Anführung eines gewissen Forstmanns Phil. Witt, und ehemaligen heßischen Dragoners Bayer.

Stadt mit der Avantgarde, *) machte mehrere Gefangene und erbeutete ein Magazin und Spital. Von Bamberg flohen die feindlichen Truppen gegen Schweinfurt. Hier fanden sie die übrigen Divisionen der Jourdanschen Armee nebst dem Obergeneral selbst. Dieser hatte wieder 40000 Mann beisammen, setzte sich auf dem rechten Maynufer in Marsch, und beschloß den Kaiserlichen bei Würzburg eine Schlacht zu liefern. Erzherzog Karl ließ die Flanke des Feindes durch leichte Truppen beunruhigen, die ihm in Gemeinschaft mit den Bauern, unter andern bei Eisenbühl, 25 Pulverwägen, 180 Pferde, Geld und vieles andere abnahmen, er selbst aber zog sich über Burgebrach gegen Würzburg. Hier richteten die Franzosen am 1. Sept. eine starke Kanonade gegen das Korps des Grafen Stzarray, welche bis in die Nacht dauerte und am folgenden Tage noch heftiger wurde. In der Nacht vom 1. auf den 2. Sept. kam Jourdan, durch die Division des Generals Grenier verstärkt, selbst an, und nun wurde das Gefecht am 2. Sept. sehr hitzig, die Schlacht dauerte bis in die Nacht, und war unentschieden, doch behauptete sich Gen. Stzarray gegen die Uebermacht.

---

*) Oberlieutenant Graf Grecourt drang zuerst mit 60 Chevaurlegers von Herzog Albert ein, da der Feind noch zahlreich in der Stadt war, brachte ihn durch diese kühne That in die größte Verwirrung, machte etliche 80 Gefangene, und befreite die Ambergischen Geiseln.

macht. Mit Anbruch des Tags am 3. Sept. fieng das Treffen von neuem mit unbeschreiblicher Wuth auf beiden Seiten an. Zweimal wurden die Deutschen zurückgetrieben, und erst nachdem die Kolonnen der Generals Wartensleben, Werneck und Kray angekommen waren, neigte sich der Sieg auf östreichische Seite. Endlich stellte sich Prinz Karl an die Spitze von 8000 Mann Kavallerie, machte ein geschicktes Manövre, kam dem Feinde in die Flanke, und durchbrach seine Linie. Dennoch wehrten sich mehrere französische Kolonnen noch einige Stunden, und erst um 3 Uhr Nachmittags war der Sieg vollständig errungen. Die Franzosen flohen in völliger Unordnung und Zerstreuung. Man schätzte den feindlichen Verlust an Todten und Verwundeten auf 6000 Mann; 2000 wurden gefangen, 19 Kanonen erobert, und sonst viele Beute gemacht. Die Deutschen verloren zwischen 2 und 3000 Mann. Die leichten Truppen und Bauern brachten noch später hin beinahe 1000 Mann versprengte Feinde als Gefangene ein. Gleich nach der Schlacht wurde die Vestung Würzburg vom General Hotze zur Uebergabe aufgefordert. Der Kommandant Bellemont verlangte freien Abzug mit Allem, welches abgeschlagen ward, und worauf der französische General die Stadt beschiessen ließ, wodurch viel Schaden angerichtet wurde: als man ihm aber bedeutete, daß er und die ganze Garnison mit ihrem Leben verantwortlich deßhalb gemacht werden solle, ergab sich am 4ten Sept.

Sept. die aus 1000 Mann bestandene Besatzung. Die Beute, welche man in der Vestung fand, war reich, und bestand unter andern in 500 Pferden, zwei Millionen Thalern Brandschatzungs-Geldern ꝛc. Die gefangen bekommenen Kriegskommissaire erklärte Prinz Karl für Gegengeiseln der von Bamberg und Würzburg nach Frankreich abgeführten Geiseln, und so verfuhr der Erzherzog fast allenthalben, wo der Feind Geiseln ausgehoben hatte. Jourdan floh mit seinem zerstreuten Heere, welches allenthalben traurige Spuren hinterließ, über Schweinfurt, (wo er 100 Stück größtentheils Reichskanonen, so wie in Freudenberg 60 Stück zurück ließ) und Hammelburg ins Fuldaische. Er war gänzlich von dem Korps des General Marceau bei Frankfurt und Maynz getrennt, indem die Spessarter Bauern alle Kommunikation hemmten, viele Franzosen tödteten, und gefangen nahmen, auch viele hundert Wägen und Bagage erbeuteten.

Ein Theil der kaiserlichen Armee zog nach der wichtigen Schlacht bei Würzburg auf der Landstraße von Würzburg nach Esselbach und gegen Aschaffenburg, wo noch zerstreute französische Korps sich sehen ließen. Am 4ten Sept. ganz unvermuthet rückte General Hotze mit etwa 1000 Pferden in Aschaffenburg ein, wo gerade 10 mit Kontributionsgeldern, Silbergeräthe und Raub beladene Packwägen sich durch die Flucht retten wollten, aber nebst der Bedeckung von 140 Mann in deutsche Hände fielen.

Die Beute betrug über eine Million. Indessen wurde alles, was sich von Franzosen zwischen Frankfurt und dem Rheine befand, sogar das Belagerungskorps von Ehrenbreitstein an den Mayn beordert, um ihren Kammeraden Luft zu machen. Ernouf Chef des französischen Generalstabs rückte mit diesen und den zerstreuten Truppen der Jourdanischen Armee, welche er in der Gegend von Frankfurt, Hanau und Aschaffenburg zusammen rafte, gegen letztere Stadt, und den Spessart vor. General Hotze, welcher schon benachrichtigt war, daß 5000 bei Stockach in Anmarsch seyen, und Ernouf von Frankfurt über Seligenstadt vorrücke, machte sich am 6. Sept. sogleich zur Schlacht bereit. Indessen war auch General Kray bereits mit der Avantgarde der Hauptarmee in Aschaffenburg angekommen, und mehrere hundert Spessarter Bauern schlossen sich an die Kaiserlichen an. Der Angriff der Franzosen fiel daher sehr unglücklich aus, und sie litten beim Schönbusche und Klein-Ostheim eine gänzliche Niederlage; gegen 2000 Mann wurden getödtet oder verwundet, und 600 gefangen. Ernouf war genöthigt umzukehren, und auf seinem Rückzuge gegen Frankfurt, wurde sein zerstreutes Korps hart von den Bauern mitgenommen; den größten Theil des gemachten Raubes, Bagage, Wägen rc. nahmen diese dem Feinde wieder ab. Die Spessarter waren den Republikanern fürchterlich, und obgleich der damalige
Kom-

Kommandant von Frankfurt Duvignot durch Strenge die Landleute abzuschrecken glaubte, indem er einige Gefangene von ihnen erschießen ließ, so wurden diese doch vielmehr noch erbitterter, und rächten sich dadurch, daß sie einige gefangene französische Offiziers aufhiengen. *) — Die stärksten Reste der Jourdanischen Armee flohen durchs Fuldaische und Heßische der **Lahn** zu, wo sie sich wieder sammeln wollte. **Frankfurt** war am 8. Sept. bereits vom Feinde verlassen, und von den Kaiserlichen besetzt. Die Avantgarde unter General Kray machte im Verfolgen mehr noch als 600 Gefangene, und bei Flörsheim eroberte man einen Artillerie Park von 80 Kanonen. General **Marceau** war genöthigt, eilfertig die Blokade von **Maynz** aufzuheben, und der tapfere Gouverneur der Vestung Baron Neu eilte sogleich am 9. Sept. in 3 Kolonnen den Feind mit einem großen Theile der Garnison zu verfolgen, nahm ihm mehrere Gefangene, und einige Kanonen und vieles Gepäcke ab; wobei sich die Darmstädter und Fränkischen Truppen, dann die K. K. Hauptleute Diemar und Tiez auszeichneten: auch Obristlieutenant Williams mit seiner Flotille that den Republikaner manchen Abbruch. Jourdan hatte sich indessen mit
dem

---

*) Dr. Reders aus Münnerstadt, (welcher mit den Bauern streitend den Tod fürs Vaterland starb,) Andenken verewigt der Fürstbischof von Würzburg durch ein Monument.

dem Ueberreste seines Heeres durchs Heßische und
Fuldaische mühsam durchgewunden, kam am
13. Sept. in Wetzlar an, verließ aber diese
Stadt noch in der nemlichen Nacht und gieng
über die Lahn zurück. Er hatte den rechten Flügel oder das Korps des General Marceau an
sich gezogen, Verstärkungen von der Nordarmee
erhalten, und hoffte sich nun an der Lahn zu
behaupten, weswegen er eine veste Stellung hinter Wetzlar nach Limburg hin wählte. — Erzherzog Karl war dem Feinde allenthalben gefolgt,
hatte am 11. durch den tapfern Obrist Gottesheim Giesen einnehmen und die Besatzung zu
Gefangenen machen lassen, er selbst aber zog von
Friedberg nach Usingen und am 14. Sept. nach
Weilmünster. General Kray besetzte am 13ten
Sept. Wetzlar. Die Generale Neu und Hotze
rückten mit ihren Kolonnen, ersterer nach Kirch-
berg, und letzterer nach Weilburg vor. Um sich
von der Stellung und Stärke des Feindes zu
überzeugen, mußte General Spiegelberg am 15.
einen Versuch auf die Stellung bei Limburg unternehmen, welcher sich mit einem hitzigen Gefechte und dem Rückzuge der Oestreicher endigte.
Dessen ohnerachtet ließ Karl noch am nemlichen
Tage seine Truppen in der Entfernung eines Ka-
nonenschusses gegen die vom Feinde besetzten Anhöhen vorrücken. In der folgenden Nacht verließ dieser die Höhen, und stellte sich auf den
Ebenen vor Limburg und Diez in Schlachtordnung. Am 16. Sept. rückte ihm Karl entgegen,

gewann

gewann die Anhöhen, trieb den Feind fechtend über die Lahn, und bemächtigte sich der Brücken bei Limburg und Diez. Jenseits der Lahn wurde die Schlacht mit noch größerer Wuth fortgesetzt, der Donner der Kanonen und des kleinen Gewehrs dauerte spät in die Nacht. Die Republikaner fochten mit der größten Hartnäckigkeit, und verließen nur dann erst das Schlachtfeld, als alle Hoffnung verloren war. Ihr Verlust an Todten, Verwundeten und Gefangenen betrug über 5000 Mann, etliche 20 Kanonen und viele Bagage. Der Erzherzog hatte dem General Kray die Ordre gegeben, während Er den rechten feindlichen Flügel angreifen würde, von seiner Seite bei Giesen den linken zu attakiren. Kray führte diesen Befehl mit Tapferkeit und Einsicht glücklich aus, erstieg des tapfersten Widerstandes ohnerachtet die Bergschlösser Glayberg und Fezberg, trieb den Feind allenthalben zurück, und erfocht auch hier einen vollständigen Sieg. Dieser feindliche Flügel verlor 1500 Mann. — Jourdan trat nunmehro den weitern Rückzug unverzüglich an. Schon am 18. Sept. war der Lahnstrom vom Feinde gereinigt, und Ehrenbreitstein entsetzt. Ein Theil der Besatzung schloß sich an die Armee an, und half den Feind verfolgen. Der feindliche Feldherr sammelte seine Truppen neuerdings bei Altenkirchen, und wollte sich behaupten; aber ein neues Unglück vereitelte auch diesen Plan. Gen. Marceau war, um den Marsch der Hauptarmee zu decken, mit der Arrierre-Garde bei Freilingen postirt. Hotze, welcher den deutschen Vortrapp führte, griff diese Stellung am 19. Sept. mit beßtem Erfolge an. Marceau, ein gleich achtungswürdiger Mann als General und moralischer Weltburger, da er seine Infanterie weichen sah, stürzte an der Spitze der Reuterei der deutschen Kavallerie entgegen, fiel aber schwer verwundet zu Boden, und in deutsche Hände, *) starb auch am folgenden Tage, allgemein bedauert. Nachdem Marceau gefallen war, floh dessen ganzes Korps mit nahmhaften Verluste. Dieser Unfall schlug vollends Jourdans und seiner Armee Muth nieder; ohne weitere Angriffe abzuwarten, eilte er über die Sieg, und zog theils bei Bonn über den Rhein, theils in die Gegend von Düsseldorf zurück. Und so hatte Held Karl in einem Zeitraume von 26 Tagen, vom 22. Aug. angerechnet, die von einem übermächtigen Feinde errungenen wichtigen Siege vernichtet, einen großen Theil Deutschlands von dem zerstörenden Joche befreit, und den Franz. Stolz gebeugt.

---

*) Im 5ten Feldzuge sind 15 französische Generale, 10 in Italien, und 5 in Deutschland geblieben, nemlich Banal, Beirand, Cauße, Charton, Frontin, La Harpe, Lasne, Quesnin, Stengel, Baudling, Abatucci, Beaupuis, Houel, Lambert, Marceau. 17 Generale wurden verwundet; 10 erhielten oder nahmen ihre Entlassung, und 5 wurden gefangen. Letztere waren Bellemont, Joba, Launai, Mayer und Vauban.

gebeugt. Jourdan legte das Kommando der Sambre und Maasarmee nieder, und an dessen Statt trat auf einige Zeit Beournonville, welcher Truppen von der Nordarmee und aus Holland an sich zog. Allein die neuen Truppen und die Ueberreste des Jourdanischen Heeres konnten sich nicht vertragen, so daß es bis zu Thätigkeiten kam. Sie waren muthlos, ohne Gepäck, Munition, und die Holländer mußten, diesem Uebel wieder abzuhelfen, was erforderlich war, herbei schaffen. Blos die Division Lefevre blieb noch bei Mühlheim stehen, die anderen zogen sich ganz gegen Niederland zurück. Da nun Erzherzog Karl sicher seyn konnte, daß sich der Feind sobald am Niederrhein nicht wieder mit Erfolg würde heben können, ließ er 30000 Mann unter Kommando des wackeren F. M. L. Werneck bei Uckerad stehen, Er selbst aber mit den übrigen Truppen gieng über Limburg, Maynz, Schwetzingen, Graben, Karlsruhe, Rastadt, Bühl nach Offenburg, wo er am 8. Okt. ankam, und von mehreren 1000 schwäbischen Bauern empfangen wurde, welche sich an seine Armee anschlossen, um sich wegen der, durch die Moreausche Armee verübten Greuel zu rächen, und den Prinzen in seinem Vorhaben gegen diesen feindlichen General zu unterstützen.

Um den Feind von aller Diversion zu Gunsten des Moreau abzuhalten, den Rückzug desselben zu beschleunigen, die Aufmerksamkeit des Feindes vom General Werneck am Niederrhein abzu-

abzuziehen, allenthalben Besorgnisse zu erwecken, und die Franzosen zu beschäftigen, hatte Prinz Karl vor seinem Zuge nach Schwaben noch besondere Ordres hinterlassen. Diesen zu Folge giengen die Generale Hotze, Lichtenstein und Schwarzenberg plötzlich am 1. Okt. bei Mannheim mit einem Korps leichter Truppen über den Rhein, verbreiteten Furcht und Schrecken im Elsaß, bemächtigten sich der berüchtigten Verschanzungen von Germersheim, ängstigten das mit einer schwachen Besatzung versehene Landau, hatten fast vor den Thoren dieser wichtigen Vormauer des feindlichen Gebiets glückliche Gefechte mit der ausgerückten Besatzung,*) giengen bis Weissenburg und Lauterburg, forderten Brandsteuern, hoben Geiseln aus, machten mehrere 100 Gefangene, erbeuteten Vieles und drangen bis Hagenau, fast ohne allen Verlust vor. Ein Unternehmen, welches im 1793. Feldzuge, soviele Zeit, Geld und Blut gekostet hatte! — Als die Absicht erreicht, die Germersheimer Linien ganz zerstört, die Mündenheimer hingegen gehörig besetzt waren, giengen die kaiserlichen Generale wieder aus dem Elsaß zu Ende Oktobers über den Rhein zurück; zumal da nun Moreau mit seinem Heere über den Rhein getrieben, und wider das schwache Hotzeische Korps eine Kolonne Franzosen von unten herauf im Anzuge war.

---

*) Graf Lubna nahm unter andern den Divisionsgeneral Mayer gefangen.

war. — Zugleich mit den bisher erzählten Unternehmungen führte der tapfere Gouverneur von Maynz Baron Neu ein anderes aus. Er rückte mit einem Theile der Besatzung gegen Bingen vor, nahm am 9. Okt. den stark befestigten Rochusberg mit Sturm ein, *) besetzte die Stadt und trieb die Republikaner bis über die Nahe. Ein Korps brang über Alzey und Kirchheim Polanten bis Kaiserslautern, und besetzte diesen wichtigen Posten, worauf die Franzosen sich allenthalben selbst aus dem Zweibrückischen bis hinter die Saar zurück zogen. — Bei Neuwied und in der Stadt selbst fiel am 29. Sept. ein Gefecht

---

*) Die Flotille des Obristlieutenant Williams und die Bamberger Truppen unter Obrist v. Schaumberg zeichneten sich hierbei aus, machten viele Gefangene, und eroberten 7 Kanonen. Hauptmann v. Haisdorf blieb dabei. — Am 10. Okt. nahm der verdiente General Rosenberg durch das Odonellische Freikorps Ippesheim und Planich mit Sturm ein, und machte etliche hundert Feinde nieder oder gefangen. — Nicht weniger hitzige Gefechte fielen am 11. 12. Okt. bei Fürfeld und Hochstätten (Alsens) vor, worinnen der Feind jedesmal den kürzern zog. — Bei Sponheim, Kreutznach und am Ufer der Nahe, machten die Franzosen am 26. Okt. Versuche über den Fluß zu bringen, wobei die Maynzer Truppen etwas litten, aber den Angriff zurück schlugen: indessen kamen sie am folgenden Tag verstärkt wieder, und die Deutschen zogen sich nach einem hitzigen Gefechte bei Gensingen bis über die Selz zurück. Hundert etliche 30 Franzosen wurden hierbei gefangen.

Gefecht zwischen den Deutschen und Franzosen vor, worauf eine Uebereinkunft zwischen General Brady und Simon getroffen wurde, kraft welcher die Stadt von keinem Theile besetzt, beschossen oder bevestigt werden durfte, sondern eine Art Neutralität zugestanden erhielt. Indessen behielten die Franzosen den Brückenkopf noch immer, bis bei der späten Jahrszeit, dem hohen Rheine ꝛc. endlich am 8. Dez. zwischen Beournonville und Kray eine Konvention geschlossen wurde, kraft welcher der Feind auch diesen verließ, aber alles mit sich nahm. Bis Anfangs Oktober hatte Beournonville die Sambre und Maasarmee wieder in etwas organisirt, und wurde von der Nordarmee unterstützt. Er rückte auf dem Hundrücken vor, kam bis Bingen und Kaiserslautern, besetzte auch das Zweibrückische wieder, so daß man eine Diversion zu Gunsten Moreaus vermuthen mußte; aber der tapfere General Kray warf durch einen kühnen Angriff den Feind in seine vorige Unthätigkeit zurück, daß er sich nicht getraute, etwas weiter zu unternehmen. In der Nacht vom 21. — 22. Okt. allarmirte er durch einen kühnen Uebergang über den Rhein die ganze feindliche Stellung von Koblenz bis Andernach. Er ließ in verschiedenen Abtheilungen über den Rhein setzen. Bei Koblenz, durch die Vestung Ehrenbreitstein unterstützt, rückten die kaiserlichen und trierischen Truppen bis auf den verschanzten Petersberg und die halbe Moselbrücke. Der Feind überrascht, floh eiligst in die Stadt,

Stadt, und ließ so den Deutschen Zeit, einen großen Theil der französischen Schanzen und ihre Blockhäuser zu zerstören. Als sich hierauf der Feind gesammelt hatte und vorrückte, giengen die Deutschen mit einem Verluste von etlichen 30 Mann über den Rhein zurück. Zu gleicher Zeit wurde der Brückenkopf bei Neuwied beschlossen, und die französische Besatzung gezwungen, sich auf die Rheininsel zu retiriren. Noch glücklicher gieng es bei Boppard oberhalb Koblenz, wo Obrist Brixen und Hauptmann Müller von Kurköln ebenfalls einen Rheinüberfall wagten, 12 Offiziers, 225 Gemeine und 2 Kommissairs zu Gefangenen machten, und vieles erbeuteten. Die französischen Generale wurden durch diesen Vorfall aufmerksam gemacht, glaubten, man habe ernstliche Absichten auf Koblenz und dortige Gegend, und hierdurch sowohl, als weil Moreau indessen schon über den Rhein gedrückt war, wurde die vorgehabte Diversion vereitelt. Es fielen nun zwar zu Ende dieses Feldzugs am Niederrhein, bei Bingen, Kreutznach ꝛc. noch verschiedene Gefechte vor, in welchen die Deutschen hier und da einigen Verlust erlitten, die aber in der Hauptsache ohne Bedeutung waren. — Am 4. Dez. überfiel Rittmeister Szent Balasi von Blankenstein Husaren 4 feindliche Kompagnien zu Beheim, Schap und Haring, wovon der größte Theil gefangen, getödtet oder verwundet wurde. — Die späte Jahreszeit und da sich die Franzosen nach der obgedachten Räumung

mung der Neuwieder Brückenschanze am 8. Dez. ganz vom rechten Rheinufer in die Winterquartiere zurückgezogen hatten, hatte den Erfolg, daß auch die deutschen Vorkehrungen dazu machten. General Werneck verlegte das Hauptquartier von Uckerab nach Hachenburg, und die Truppen giengen am Niederrhein in ruhige Winterquartiere.

F. Z. M. Latour, welcher statt des Prinzen Karl (Seite 48) das Kommando der oberrheinischen Armee führte, hatte, nach dem Abgange des Erzherzogs, tägliche Gefechte mit dem Feinde gehabt, in welchen vorzüglich das Condeische Korps, wie z. E. bei Landsberg, mehrere 100 Mann einbüßte. Die Armee des Moreau drängte die schwachen Deutschen immer weiter zurück, und so war Latour genöthigt, mit der Armee über den Lech zu gehen, und sich hinter München zurück zu ziehen. Moreau folgte unmittelbar am 20. — 21. Aug. über Augsburg, welches von den Oesterreichern unbesetzt geblieben, wobei sich verschiedene Scharmützel bei Oberhausen, der Wertachbrücke, und Kriegshaber ereigneten. Die Oestreicher hatten die Lech und andere Brücken abgebrochen; dieses hinderte die Republikaner aber nicht durch den Fluß zu setzen, und sie am 22. Aug. bei Friedberg anzugreifen. Es entstand ein hitziges Treffen, in welchem die Deutschen der Uebermacht mit einem Verluste von 13 Kanonen, und 1800 an Todten, Verwundeten und Gefangenen weichen mußten; jedoch war auf Republikanischer Seite der

Ver-

Verluſt an Todten und Verwundeten noch beträchtlicher, wie ſie denn den General Houel einbüßten. Das Moreauſche Heer breitete ſich nun ſchnell von Neuburg über Schrobenhauſen, Pfaffenhofen und Dachau aus. Mit dem linken Flügel rückte es gegen Geiſenfeld und Ingolſtadt, theils ſich mit der Jourdaniſchen Armee zu vereinigen, theils die Belagerung der Veſtung zu unternehmen. Aber glücklicher Weiſe für Regensburg, München ꝛc., welche ſchon vor dem franzöſiſchen Beſuch erzitterten, und wo alles floh, war das Schickſal der Jourdaniſchen Armee ſchon entſchieden und die Vereinigung durch den Helden Karl unmöglich gemacht; und die Belagerung von Ingolſtadt, welche bis zu dem nachmaligen Rückzuge der ganzen feindlichen Armee dauerte, ganz ohne Erfolg. Die Beſatzung hinderte durch ein lebhaftes Feuer die Anlegung feindlicher Werke, und der Feind verlor vor der Veſtung außer mehreren hundert Todten und Verwundeten, am 6. Sept. auch den General Lambert. — Der kaiſerl. Feldherr Latour befand ſich nach der unglücklichen Schlacht bei Friedberg in einer kritiſchen Lage. Um nun der Abſicht des Feindes zuvor zu kommen, ließ er den F. M. L. Fürſt Fürſtenberg mit einem Korps an der Iſarbrücke vor München, er ſelbſt aber eilte mit dem größten Theile der Armee gegen Ingolſtadt und Regensburg hin. F. M. L. Fröhlich war ſchon vorher mit einer Anzahl Truppen an die Tyroliſchen Päſſe gezogen, um Baiern

und

und Schwaben von dieſer Seite zu decken. — Wie oben geſagt worden, hatte Prinz Karl nach der Schlacht bei Amberg den General Nauendorf mit 10,000 Mann über Regensburg der oberrheiniſchen Armee zu Hülfe geſchickt. Dieſes Korps eilte ſo ſehr, daß es ſich am 1ten Sept. früh ſchon mit dem Grafen Latour vereinigen konnte, und nun griff der Feldzeugmeiſter ſogleich den Feind in der Stellung bei Geiſenfeld an, und warf ihn. Die Franzoſen ſetzten ſich in dem dortigen großen Wald wieder, wurden aber auch daraus verdrängt, und bis Buch und Bernbach zurück geworfen. Der kaiſerl. General war eben im Begriff die Attake auch hier und auf die ganze Fronte des Feindes zu wiederholen, als eine Diviſion von Neuburg dem Feinde zu Hülfe kam, wodurch dieſer eine zu große Ueberlegenheit erhielt. Und da ſich derſelbe auch hinter einem Sumpf retirirt hatte, welcher für die Kavallerie unzugänglich war, und wo dieſe auch in der erſten Hitze einigen Verluſt hatte, ſo ließ Latour das Gefecht abbrechen, und zog gegen Abend in ſeine vorige Stellung, Tags darauf aber nach Pfaffenhauſen hinter den Laberfluß. Nauendorf poſtirte ſich bei Abendsberg, Neuſtadt ꝛc. *) und ſo war Regensburg,

Straus

---

*) Obriſtlieutenant Dienersberg von Lobkowitz vertheidigte dieſes Städtchen mit vieler Bravour gegen einige Angriffe des Feindes. — Vor der Aktion bei

Straubing und Landshut gedeckt. Latour erwartete in dieser Stellung die ihm von allen Seiten zueilenden Verstärkungen, um sodenn mit Nachdruck wider den Feind agiren zu können,— und diese trafen in den ersten Tagen des Septembers ein. General Fröhlich erhielt nun Ordre aus den Tyroler Pässen gegen den Lech vorzudringen, bei welcher Gelegenheit Major Morbert bei Turach einen feindlichen Haufen überfiel, 300 niederhieb und eben so viele gefangen bekam. Zugleich drang Major Wolfskehl im Rücken des Feindes bis Dachau vor, machte 318 Gefangene, eroberte 1 Kanone und viele Wägen. Dessen ohnerachtet gab Moreau seinen Plan in Baiern weiter vorzudringen, und dadurch den Erzherzog von der Verfolgung Jourdans abzuziehen, nicht auf, vielmehr hoffte er dadurch doppelten Ruhm einzuerndten. Er meinte den Grafen Latour zu umwickeln, und beorderte am 7. Sept. ein Korps von 10,000 Mann, um den mit 1 Bataillon u. 4 Eskadrons bei Mosburg postirten Obersten Lamotte anzugreifen, welches auch diesen wirklich warf, und die Isar paßirte. Der Feind wollte nun im Rücken vordringen, aber Latour errieth sogleich seine Absicht, und zog sich von Pfaffenhofen nach Landshut. Lamotte wurde am 9. Sept. neuerdings attakirt und die Franzosen

bei Geisenfeld kamen etliche 100 verwundete Kaiserliche in Regensburg an. Der Feind verlor beinahe 1000 Mann.

zosen suchten den Kordon zwischen Aicha und Thal zu durchbrechen, aber es mislang. Der kais. Obriste behauptete sich und trieb den Feind über die Isar zurück. Zugleich wurde auch Fürst Fürstenberg bei München *) angegriffen, und die Franzosen gewannen wirklich die Isarbrücke; jedoch nur auf kurze Zeit, denn bald eroberten die Deutschen solche wieder, und schlugen jene zurück. Am 10. darauf standen die Latourschen Vorposten über der Isar und verbanden sich zu Rohr und Abendsberg mit jenen des General Nauendorf. Moreau, durch den hartnäckigen Widerstand aufmerksam gemacht, und durch das Unglück des Jourdans aus der Siegestrunkenheit geweckt, fieng nun an vorsichtiger zu Werke zu gehen; und dieses rettete den größten Theil seiner Armee. Er sah den kühnen General Fröhlich in seiner linken Flanke, den tapfern Nauendorf zur rechten und vor sich die verstärkten Feldherren Latour und Fürstenberg. Diese Umstände und der Ruf, daß die schwäbischen Bauern nach dem Beyspiele der Fränkischen und in den Mayngegenden, die ihnen zugefüg-

---

*) München war mit 12000 Mann baierischen Truppen besetzt, und für beide Armeen geschlossen. Die Stadt selbst litte durch die in ihrer Nähe vorgefallenen Gefechte und Kanonaden nichts, wohl aber die Au, Haidhausen, die Lent ꝛc. Jedoch war die Theurung groß. Bei dem Gefechte am 9. Sept. verloren die Franzosen über 500 Mann.

gefügten Unholden mit den Waffen in der Hand gegen die französischen Horden zu rächen aufgestanden seyen, brachte den Moreau zu dem Entschlusse, in Zeiten die Retirade anzutreten, und seinen ersten stolzen Plan aufzugeben. Latour hatte dem General Fröhlich befohlen, am 11. Sept. mit seinem ganzen Korps an den Lech vorzurücken, zu welchem Ende ein allgemeiner Vorpostenangriff von der Donau bis Freisingen zugleich statt haben sollte. Als aber die Deutschen mit Tagesanbruch vorrückten, fanden sie Mosburg und Freising schon verlassen, und den Feind in vollem Rückzuge. Er hatte die Isarbrücken hinter sich zerstört; diese wurden aber in Eile hergestellt, und im Verfolgen noch verschiedene Offiziers, nebst etlichen hundert Gemeinen gefangen. München war schon am 12. verlassen, und das ganze Korps von Latour stand am 13. disseits der Isar, die Vorposten streiften bis gegen Neuburg. Nauendorf gieng bei Neustadt am 12. Sept. über die Donau und rückte immer in der Flanke des Feindes fort. — Moreau suchte durch Hin und Hermärsche seinen wahren Rückzugsplan zu verbergen. Er detachirte ein Korps von etwa 10000 Mann über die Donau in die Gegend von Eichstädt, Roth und Pleinsfeld, welches sich einen Weg durch Franken zu bahnen schien, um den Prinzen Karl in den Mayngegenden im Rücken zu kommen, und wodurch das Frankenland in große Furcht gerieth. Alleine Graf Nauendorf folgte der feindlichen

Kolonne sogleich, und zwang sie mit nahmhaften Verluste zum Rückzuge an die Donau. Es fielen nun täglich sehr blutige Gefechte in Verfolgung des Feindes vor, wobei viele Gefangene gemacht wurden; bis zum 19ten, wo Moreau den Lech repaßirte, hatte man schon 1800, und eine erbeutete Kriegskasse. Am 22. Sept. gieng Latour über den Lech, und rückte bis Meutingen, General Baillet mit der Avantgarde bis Wertingen. In der Nacht auf den 24. Sept. griff dieser den Feind in Günzburg an, und bemächtigte sich der Stadt, vertrieb ihn auch aus Laubheim, und vereinigte sich mit dem General Nauendorf, welcher bei Langenau am linken Donauufer stand. F. Z. M. Latour kam an diesem Tage bis Burgau, und Graf Merkandin, welcher ein Kommunikationskorps zwischen den Generals Latour und Fröhlich kommandirte, nach Krombach. Am 25. Sept. drang General Baillet auf der rechten und Nauendorf auf der linken Seite der Donau gegen Ulm vor. Der Feind hatte sich zwar, 4 Divisionen stark, vom rechten Ufer der Donau über die Brücke gezogen, jedoch diese und die Stadt-Wälle mit Kanonen besetzt, und feuerte heftig gegen die anrückenden Oestreicher. Diese erwiederten das Feuer mit Wurfgeschütz, wodurch bald das franz. Heumagazin in Brand gerieth, ingleichen der Gänsethurm und an 20 Gebäude in der Stadt ein Raub der Flammen wurden. Das beederseitige Feuer dauerte den Tag
und

und Nacht fort. In der Nacht vom 26. Sept. verließen hierauf die Franzosen in aller Stille Ulm *), und am 27. Sept. zog Gen. Baillet ein. Er fand noch verschiedene Magazin-Vorräthe und Pontons. General Nauendorf hatte kurz vorher 4 Kommissairs und das Beckens Personale, welches zur Verpflegung dieser feindlichen Kolonne nach Stuttgard beordert war, gefangen bekommen. — Schon früher hatte sich General Fröhlich gegen Immenstadt und Kempten in 4 Kolonnen gewendet. Die erste unter Obrist St. Julien nahm am 17 Sept. Immenstadt mit Sturm ein, und die übrigen

---

*) Schwaben hat, so wie im ganzen Kriege, also besonders auch im 1796. Feldzuge viel gelitten. Die Ausgaben des schwäbischen Kreises zum Reichskriege von 1. Dez. 1792 bis ult. Apr. 1796 werden zu 12,124,236 fl. berechnet. Darunter sind aber keine Kontributionen, Requisitionen, was man bei Schließung des Traktats mit Frankreich versprochen, u. sonstige Schaden oder Ausgaben einzelner Stände ꝛc. begriffen, wovon man zwar keine detaillirten Berechnungen angeben kann, die aber eine viel größere Summe betragen, und auf welche sich ein Schluß machen läßt, wenn man z. E. bedenkt, daß in Franken Würzburg, Schweinfurt, u. Kitzingen den Schaden, welchen sie in diesem einzigen Feldzuge an Requisitionen, Plünderung und Verzehrung erlitten, erstere Stadt auf 120,000 fl., die andere auf 300,000 fl., und letztere auf 36000 fl. anschlägt, ohne den Ruin an Wäldern, Häusern, Gärten, Feldfrüchten ꝛc. zu rechnen.

3 unter Fröhlich, Wolf, und Obrist Gulla eroberten Kempten und die dortige Gegend. Die Franzosen unter General Tarreau zogen sich überall über die Iller gegen Memmingen, Leutkirch und Isny zurück. Das ganze Korps von 3000 Mann bis auf 400 wurde getödtet, gefangen, oder in die Wälder zerstreut. Am 19. Sept. rückte F. M. L. Fröhlich gegen Isny vor, und als er dieses verlassen fand, setzte er sich gegen Wangen, von woher er am 20. früh angegriffen wurde. Das Gefecht war hitzig und erst in der vierten Stunde, nachdem man das feindliche Korps in Rücken und in die Flanke genommen hatte, entschied sich der Sieg. Es zog sich nun zurück, rettete aber auf der Flucht nur einen Theil der Seinigen; der größte Theil wurde getödtet, in die Waldungen versprengt, von dem auch hier aufgestandenen Landvolke erschlagen, 507 Gemeine und 11 Offiziers aber gefangen, auch 8 Haubizen erbeutet. — Der französische General Ferino war, bei den glücklichen Fortschritten Moreaus, über Bregenz bis ins Tyrol eingedrungen, mußte aber, um nicht eingeschlossen zu werden, nun auch eiligst den Rückzug nehmen. Er zog sich nach Memmingen zurück, wurde am 22. Sept. vom tapfern Gen. Wolf angegriffen, und verlor 600 Mann Todte, noch mehrere Verwundete, und 400 an Gefangenen. Er gieng nun über die Iller nach Waldsee und Schußenried, und suchte sich mit der Hauptarmee des Moreau zu vereinigen. Der

Rest

Rest des Korps des General Tarreau, nach dem abermaligen Verluste bei Isny (s. vorher) suchte ebenfalls die Vereinigung mit dem Obergeneral, und eilte über Leutkirchen nach Zeil, wo er sich verschanzte, wurde aber am 25. — 26. Sept. abermals angriffen, und verlor wieder etliche hundert Mann. Er floh nun nach Wurzach, und traf endlich zwischen Biberach und Schußenried das Korps des Generals Ferino an.

Der Rückzug der feindlichen Rhein und Moselarmee wurde von allen Seiten und immer mehr erschwert. Der Plan des Prinzen Karl war, dieselbe zu umzingeln, wo möglich die Kommunikation mit Frankreich abzuschneiden, und so zu Grunde zu richten. Die Moreausche Armee hatte sich durch ihre Ausschweifungen, Plünderungen, und Erpressungen ꝛc. so verhaßt gemacht, als die Sambre und Maasarmee, und ihre Greuelthaten waren um so schreiender, da sie solche in Landen verübte, welche mit Frankreich Friede geschlossen hatten. Bei der Nachricht von dem veränderten Kriegsglücke erwachte nun der Geist der Rache in den Schwäbischen Landleuten, im Baadischen, Würtenbergischen, hauptsächlich aber im Breisgau, auf dem Schwarzwalde und im Speierschen. Letztere waren die ersten, welche die Waffen ergriffen, und in Verbindung mit der Garnison aus **Philippsburg** unter dem tapfern Obristen Skal, dem bei Bruchsal stehenden feindlichen Korps unter General Scherb am 4. und 9. Sept. förmliche Treffen

sen lieferten *), worinn sie zwar mehrere ihrer Leute einbüßten, aber auch viele Feinde erlegten und gefangen bekamen. Die Drohungen des französischen Generals schreckten sie nicht, sie gaben eine männliche, eines Deutschen würdige und nachahmungswerthe Antwort, und wußten ihr auch Nachdruck zu verschaffen. Nach dem Entsatze von Maynz (s. S. 53) hatte der würdige Gouverneur von Mannheim F. M. L. Baron Petrasch **) die Ordre erhalten, mit einem Theile der Mannheimer Garnison im Rücken des Feindes vorzudringen. Dieser rückte, von den Speierschen Bauern unterstützt, gegen den General Scherb bei Bruchsal an, und nun floh dieser eiligst mit Zurücklassung ansehnlicher Beute nach Rastatt. Der kühne Petrasch von der Wichtigkeit der Veste und des Postens von Kehl überzeugt, faßte den Entschluß solche zu überrumpeln, brach mit einem Korps von 6 Bataillons, 3 Kompagnien, und 4 Eskadrons dahin auf, und unternahm in der Nacht auf 18ten Sept.

---

*) Der Pfarrer von Gronau, der Kaplan von Mühlhausen Viktor Merz, der Wirth Schanzenbach von Langenbrücken, und der Gerichtsschreiber Molitor von Zentern zeichneten sich als muthvolle Patrioten aus, wurden auch vom Kaiser mit goldenen Medaillen begnadigt.

**) Dieser würdige General ist aus Mähren gebürtig, war sonst beim Regiment D’vins Oberster, und ist der Sohn des vor einigen Jahren verstorbenen Generals gleiches Namens.

Sept. den Angriff wirklich. Zwei Bataillons von Erzherzog Ferdinand unter dem Obristlieutenant Oeskay und Major Dallos bemächtigten sich der bevestigten Altstadt, zwei Divisionen griffen die Vorstadt in der Fronte an, und so war der Sieg schnell entschieden. Der Feind floh in größter Bestürzung über die Rheinbrücke. Aber unglücklicher Weise wurde der Obristlieut. Oeskay gefangen und Major Dallos getödtet, worauf die Truppen, ohne Anführer, in Verwirrung geriethen, die Brücke nach Strasburg abzubrechen vergaßen, und dem Feinde Zeit ließen, sich zu sammeln. Von Strasburg kamen mehrere 1000 Mann Verstärkung, vereinigten sich mit der fliehenden Garnison und verdrängten die Bataillons wieder. Vergebens stellte sich Petrasch an die Spitze 2 Divisionen von Manfredini, um den Feind zurück zu werfen; er war schon zu stark. 800 Gefangene (worunter 21 Offiziers) waren der alleinige Vortheil, welchen er aus dieser Unternehmung zog; eine Unternehmung, die, wenn sie geglückt hätte, mehreren 1000 Menschen, die in der Folge vor Kehl umkamen, das Leben gerettet haben würde. Die Oesterreicher hatten 500 Todte und Verwundete und giengen in ihre vorherige Stellung bei Bischofsheim zurück. — Petrasch schickte verschiedene Streifparteien tiefer in Schwaben ab, welche die Moreausche Armee im Rücken allarmiren mußten und derselben manchen Abbruch thaten. So drang Rittmeister Graf Wallmoden

bis

bis Stuttgard vor, erbeutete ein ganzes Spital mit 500 Kranken, ein Depot von Schuhen, viele Wägen, und bekam mehrere Offiziers gefangen. Rittmeister Wolfarth hob bei Appenweyher 3 Fuhrwesenstransporte mit 60 Pferden auf, und die muthigen Bauern, welche die Gebirgspässe vertheidigen halfen, eroberten, unter Anführung eines gewissen Lorenz Schlägel 16 Stück Geschütz. Die Fortschritte der Streifparteien setzten den General Petrasch schon mit dem Nauendorfischen Korps in Verbindung, er ließ daher blos einige Truppen zur Beobachtung von Kehl zurück, und drang mit dem übrigen Theile tiefer ins Gebirg, besetzte Freudenstadt und den Paß Kniebiß, und eilte über Horb nach Villingen, um die dortige Straße noch vor dem Feinde zu gewinnen. — So furchtbar sich die Gefahren von allen Seiten wider Moreau häuften, so verlor er doch die Standhaftigkeit nicht, er ließ die Armee in gedrängten Kolonnen den Rückzug nehmen, vermied der Beschwerlichkeiten ohnerachtet, jede Trennung, und veränderte täglich seinen Marschplan, so daß die kaiserl. Generale alle Aufmerksamkeit anwenden mußten, um ihn nicht ohne Verlust entwischen zu lassen. Jedermanns Aufmerksamkeit war auf die Moreausche Retirade gerichtet. Der französische Obergeneral zog sich am rechten Ufer der Donau nach Buchau; Latour folgte ihm von Laupheim her, und hier entstand am 23ten Sept. eine Schlacht, die den ganzen Tag mit vieler

vieler Hartnäckigkeit dauerte, und worinn sich die Emigranten unter Anführung des Herzogs Enghien sehr auszeichneten. Diese hatten 400, die Deutschen 600, die Franzosen hingegen 2000 Todte und Verwundete. Moreau gewann jedoch durch dieses Treffen den Vortheil, sich mit dem bei Schußenried stehenden Korps des Generals Ferrino zu vereinigen, und hatte nun den größten Theil der Rhein und Moselarmee wieder beisammen. Am 29. Sept. rückte Latour mit seinem Korps bis Biberach vor, nachdem Gen. Baillet den Feind von da vertrieben und bis Groth verfolgt hatte. Hier hatten die Deutschen einen Angriff und heftige Kanonade von der französische Arrieregarde auszuhalten, welche dieser jedoch 200 Mann, ohne Vortheil, kostete. F. M. L. Merkandin rückte am 29. Sept. nach Mühlhausen und Fröhlich von Leutkirch, wo er am 27. eingetroffen war, über Wangen, nach Tetnang, um dem Feinde auf dem Wege gegen Stockach und die Schweitz zuvor zu kommen. Am 30. Sept. wollte Baillet mit der Latourschen Avantgarde von Groth nach Schußenried aufbrechen, wurde aber bei Steinhausen abermals attakirt, und es entspann sich ein sehr ernstliches ausgedehntes Gefecht, wo endlich Latour mit dem Hauptkorps herbei eilen mußte. Die Deutschen behaupteten nun zwar ihre Stellung, aber der Feind wich auch nicht. Die an sich gezogenen verschiedenen Divisionen setzten den Gen. Moreau in Stand, etwas ernstliches wider den

Grafen

Grafen Latour zu unternehmen, und er entschloß sich, um seinen Rückzug desto ungehinderter fortsetzen zu können, zu einem allgemeinen Angriffe, welcher am 2. Okt. statt und die Schlacht bei **Schußenried** oder **Biberach** zur Folge hatte. Ungestüm fiel er mit seiner ganzen Macht erst über den rechten Flügel der Oestreicher her, und nachdem er diesen zum Weichen gebracht hatte, wendete er sich, an Truppenzahl überlegen *), gegen das Zentrum, und drängte auch dieses zurück. Etliche Kanonen, 400 Gefangene, und 1200 Todte und Verwundete verlor Latour in dieser Schlacht, worauf er sich bei Erlenmoos, F. M. L. Merkandin bei Münchenrodt, Baillet aber bei Laupheim postirte. Des erfochtenen Sieges ohnerachtet setzte Moreau den Rückzug fort, aber er hatte nun etwas freiere Hände, und die Wegbringung der Artillerie Trains war erleichtert. Er zog sich nach Saulgau, und ließ ein starkes Korps bei Riedlingen über die Donau gehen, in der Absicht auf diesem Wege nach Kehl und an den Rhein zu kommen. Alleine hier

---

*) Die östreichische Armee in einem weit ausgedehnten Halbzirkel vertheilt, war auf keinem Punkte stark genug etwas Entscheidendes zu unternehmen. Die leichten Truppen verursachten dem Feinde den meisten Schaden: so nahm Lieutenant Graf Mier am 4. Okt. den Agenten Haußmann in Waldshuth, ein anderer am 5. in Mühlen den General Jowa nebst Adjutanten und 4 Offiziers, und Rittmeister Sardagina bei Irrendorf den General Vaubau und 7 Offiziers gefangen.

hier hatte Nauendorf, welcher bei Hechingen stand, den Weg versperrt, und wies die am 5. Okt. andringende feindliche Avantgarde zurück. Diese französische Kolonne zog nun über die Donau nach Mörskirch, und die ganze Armee rettirte nach Stockach zu. Es standen ihr zwei Wege offen, entweder sich über den mit bewaffneten Bauern stark besetzten Schwarzwald durchzuschlagen, oder über Schaffhausen durch die Schweiz *) zu dringen. Der thätige General Nauendorf war über Bahlingen bis Schemberg und Rothweil vorgerückt, wo es am 9. Okt. mit einem französischen abgetheilten Korps zu einem Gefechte kam. Dieses Korps wendete sich darauf eilends nach dem Rhein gegen Offenburg und Freiburg. Ein anderer Haufe zog von Stockach, wo es General Fröhlich vertrieb, nach Waldshuth an den Rhein. Es schickte die Reserve-Artillerie voraus, welche aber bei Rheinfelden von den Schwarzwalder Bauern weggenommen wurde. Doch schlugen sich beede Korps mit ziemlichen Verluste, das eine bei Freiburg, das andere durch die Päße nach Hüningen durch, und vollendeten so ihren gefährlichen Rückzug an den Rhein. — Sobald Graf Latour den fernern Rückzug des Moreauschen Hauptkorps bemerkt hatte, brach er wieder zur Verfolgung desselben auf,

---

*) Einzelne Trupps hatten schon die Schweiz zu erreichen gesucht, wurden aber an der Grenze entwaffnet.

auf, indessen die Feinde die besetzt gehaltenen Städte Lindau und Kostanz eilfertig verließen. Die kaiserl. Avantgarde unter Baillet war am 7. Oktob. schon bis Saulgau vorgerückt, das Hauptkorps zog nach Buchau. Freiburg *) wurde am 8. Okt. vom Feinde verlassen, worauf Obristl. d'Aspree, welcher mit einer Abtheilung vom Korps des Generals Petrasch bei Neustadt und im Höllenthal stand, die Stadt besetzte, und den Major Harsany nach Altbreysach beorderte, die dortige fliegende Brücke zu zerstören. Dieser überfiel am 10. Okt. die 200 M. starke Besatzung von Altbreysach, machte den größten Theil nieder, nahm 50 gefangen, und versprengte die übrigen. Die Brücke befand sich gerade am jenseitigen Ufer und konnte also nicht zerstört werden. Stockach besetzte General Fröhlich am 9. Okt. und warf den Feind bis Lenzingen zurück, worauf ein Theil von ihm nach Engen, und der andere gegen Duttlingen floh, wo sie Gen. Baillet am 11. wieder vertrieb. An eben dem Tage griff Fröhlich ein starkes Korps bei Blumenfeld, Tengen und Rumingen an, verjagte es, eroberte

---

*) Breisgau war 12 Wochen in französischen Händen. Man hatte dem Lande anderthalb Millionen Livres Kontribution auferlegt, welche aber größtentheils noch nicht erlegt war, als der Feind vertrieben wurde. Der letzte General war Tholme, welcher am 7. Okt. bei Altbreysach über den Rhein zurück gieng. Vorher waren Mengaud, Laborde und Ferino als feindliche Generals im Lande.

oberte 4 Kanonen und machte mehrere Gefangene. Der Rückzug des Feindes schien Anfangs gegen die Schweitz gerichtet zu seyn, und schon waren die Schweitzer gerüstet, ihre Neutralität mit Nachdruck zu behaupten; schnell aber wendete sich Moreau gegen das Breisgau und versammelte seine Macht in der Gegend von Freiburg. Er hatte den Plan nach Kehl durchzubrechen, diese Veste zu befreien und da seinen Rückzug zu vollenden. Es war ihm gelungen über die Elz vorzudringen, und die vortheilhaften Anhöhen und die Dörfer auf dem vesten Ufer des Flußes zu besetzen. Erzherzog Karl, welcher (s. Seite 57) bei Offenburg stand, hatte nicht sobald Nachricht davon erhalten, als er mit seinem Korps aufbrach, und sich nach Freiburg, welches wieder vom Feinde besetzt war, wendete, und sich am 17. Okt. mit dem Grafen Latour bei Mahlberg und Ettenheim vereinigte. Der Prinz hätte den durch lange Strapatzen, üble Witterung und beschwerliche Märsche ermüdeten Truppen des Latourschen Korps gerne einige Ruhe gegönnt, alleine es war nicht möglich, indem Moreau am 18. selbst einen äußerst lebhaften Angriff auf die Deutschen wagte. Bei St. Mergen glückte es dem Prinz Konde den wichtigen Posten zu emportiren und 400 Gefangene zu machen; bei St. Peter, bei Buckenriet und im Höllenthal aber war der Sieg lange unentschieden, die Oestreicher fiengen selbst zu weichen an, als Erzherzog Karl, ohne die

Gefahr zu scheuen, sich in die Mitte der Truppen begab, und ihren Muth von neuem belebte. Das Gefecht dauerte bis in die Nacht, und die Deutschen behaupteten ihre Stellung. Die Lage der Sachen machte es unumgänglich, am 19. Sept. einen allgemeinen Angriff auf die Moreausche Armee zu unternehmen. Der Feind stand auf den Anhöhen an der Elz von Waldkirch über Emmendingen nach Kinzingen zu. Alle Zugänge waren durch das lange Regenwetter verdorben, die Kavallerie unbrauchbar, und sehr mühsam die Artillerie auf die steilen Berge zu bringen. Alleine der Muth der Deutschen überstieg alle diese Hindernisse, und machte die Bataille bei Emmendingen zu einer der glänzensten für Deutschlands Krieger. Graf Nauendorf emportirte nach hartnäckigen Widerstande Waldkirch, und machte viele Gefangene. Die Kolonne des Grafen Wartensleben (dem der linke Arm zerschmettert wurde) trieb den Feind von einer Stellung zur andern, eroberte gegen Abend Emmendingen, und warf den Feind über die Elz. F. Z. M. Latour eroberte Kentringen und drang ebenfalls über die Elz vor. Die Schlacht dauerte bis in die Nacht. Die Republikaner verloren 2000 Todte (worunter General Beaupuis) und Verwundete, 1800 Gefangene, und 2 Kanonen. Der deutsche Verlust betrug nicht 1000 Mann. Am folgenden Tage paßirte der Prinz die Elz, der tapfere Fürst Fürstenberg bemächtigte sich des wichtigen Postens von Riegel,

gel, und man war des Vorhabens den Angriff zu erneuern, welches aber der Umstand verhinderte, weil Latour im Angesichte des Feindes eine Brücke schlagen mußte und nicht vorrücken konnte. Man setzte also die Attake auf den 21. Okt. fest: alleine in der Nacht verließ Moreau seine Stellung an der Elz und rückte den Rhein hinauf gegen Breysach und Hüningen. Karl holte dessen Arrieregarde noch in Freiburg ein, und that ihr Abbruch. Zweten Divisionen gelang es jedoch bei Breysach über den Rhein zu kommen, der übrige Theil aber unter General Moreau zog gegen Hüningen hin, und setzte sich auf den Anhöhen von Schliengen. Der Erzherzog beschloß dem Feinde keine Zeit zur Erhohlung, und bis etwa eine Diversion auf andern Punkten ihm Luft machen könnte, zu lassen, sondern ihn durch einen Hauptschlag vollends über den Rhein zurück zu werfen, und so den Feldzug auf dieser Seite zu endigen. Er setzte den Angriff auf den 24. Okt. fest. Er geschah früh 7 Uhr in 4 Kolonnen, auf grundlosen Wegen, unter dem entsetzlichsten Regenwetter. Der Kampf dauerte den ganzen Tag mit außerordentlicher Anstrengung von beiden Seiten fort; jeder Schritt mußte mit Blute erkauft werden. Prinz Konde eroberte Steinstadt auf dem linken feindlichen Flügel, Fürst Fürstenberg drang auf die entgegen gesetzten Anhöhen von Schliengen, und Graf Latour nahm Eckenheim in Besitz, und drang sodenn sechtend bis nach Biel. Noch war der Sieg nicht

nicht vollständig. Karl bemerkte, daß von dem wichtigen Posten von Kandern, wodurch die Hauptposition des Feindes von Schlingen gedeckt war, alles abhieng, er stellte sich also gegen Abend nebst dem F. M. L. Nauendorf an die Spitze zweier Kolonnen, und griff mit größter Gefahr die feindlichen Schanzen an, und eroberte sie, — wodurch er dem Feinde in der Flanke war. Nun war der Sieg vollkommen. Der Feind verlor gegen 2000 Mann. Der deutsche Verlust mochte nicht viel geringer seyn. Die Truppen blieben des Nachts unterm Gewehr, um bei anbrechenden Tage sogleich den Sieg zu verfolgen, aber Moreau verließ in der Nacht vom 25. — 26. Okt. seine Stellung. Die feindlichen Truppen giengen über die Brücke bei Hüningen, und als der Prinz am 26. Okt. früh mit der Avantgarde bei Weil ankam, wo auch General Wolf, nach Vertreibung des Feindes aus den Waldstätten eintraf, fand er nur noch einen Theil des französischen Nachtrapps, welcher nach einigen Kanonenschüssen ebenfalls über die Brücke auf das linke Rheinufer folgte *). — Held Karl hatte nun das große Werk: den Stolz der Republikaner gedemüthigt, Deutschland von seinen wilden Feinden errettet, und die 2 französischen Armeen am Ober- und Niederrhein

---

*) Von der über 80,000 Mann starken Moreauschen Armee kamen kaum 40,000 über den Rhein zurück.

rhein geschlagen, zurückgetrieben, und größtentheils vernichtet zu haben, mit unsterblichem Ruhme ausgeführt. Noch war aber hier nicht die Grenze seiner rastlosen Anstrengungen; es lag ihm am Herzen, den Feind auch aus den 2 festen Punkten, welche er noch auf dem rechten Oberrheinufer in Besitz hatte, nemlich aus der Brückenschanze bei Hüningen und der Veste Kehl zu vertreiben. So lange diese in Feindes Händen waren, konnte man nicht sicher seyn, daß Moreau, wenn sich seine Armee erholt und verstärkt haben würde, nicht wieder über den Rhein gehen, und die bisherigen so theuer errungenen Vortheile vereiteln würde. *) Der Erzherzog ließ daher den Fürsten von Fürstenberg zur Belagerung der Hüninger Brücken-

schanze

---

*) Dem Hause Oestreich kostet jeder Feldzug 80 — 90 Mill. Kaiser Gulden. Großbritannien kostet der jetzige Seekrieg: 1792, — 12 Mill. Pf. Sterling. 1793, — 17 Mill. 1794, — 24 Mill. 1795, — 33 Mill. 1796, — 32 Mill., und 1797, — 42 Mill. Pf. Sterling. — Frankreich, rechnet man, haben die ersten 5 Feldzüge 12 Milliards baar Geld gekostet, folglich ein jeder 2200 Millionen Livres; nemlich 45 Milliards Aßignaten, welche zu 20 Procent gerechnet, doch auch 9 Mill. baar Geld betragen, und das Kirchen Gold, Silber, Schätze des Hofs, Güter der Emigrirten und Prinzen nebst den 600 Millionen gezwungenes Anlehen, zusammen zu 3 Milliards berechnet. — Von 1792 bis 1796 excl. soll der Verlust bei der östreichischen Armee an todten und ver-

wun-

schanze mit einem angemessenen Korps zurück, er selbst aber eilte über Freyburg nach Offenburg (wo er am 29. Okt. ankam) zurück, um durch seine Gegenwart die Einnahme von Kehl zu beschleunigen. Die Belagerungsanstalten wurden durch die spate Jahrszeit, den anhaltenden Regen und die Ueberschwemmungen des Kinzingflußes sehr erschwert. Ueberdem hatten die Franzosen durch neu angelegte Werke Kehl zu einer fürchterlichen Vestung gemacht, mit 20,000 Mann besetzt, und konnten auf drei Brücken immer von Strasburg aus Unterstützung erhalten. Doch waren die Trencheen am 7. Nov. eröffnet. Als eben die erste Paralelle fertig war, unternahm Moreau selbst, welcher sich mit dem größten Theile seiner Armee, nach dem Uebergange über den Rhein in die Gegend von Strasburg gezogen hatte, am 22. Nov. einen wüthenden An-

griff

wundeten Generals, Offiziers, Unteroffiziers und Gemeinen bestehen, wie folgt:

Jahr	Generals.		Offiziers.		Unteroffiziers u. Gemeine.	
	tod	verw.	tod	verw.	tod	verwundet
1792	1	1	37	113	1865	7597
1793	4	11	802	1069	15780	34195
1794	1	4	216	475	10,482	22,850
1795	3	4	111	348	9676	21574
Sum	9	20	1166	2005	37803	86216

Hierunter sind aber die Gefangenen, Vermißten, und eines natürlichen Todes Verstorbenen, nicht begriffen.

griff auf das Dorf Sundheim und die dortigen österreichischen Batterien, emportirte sie und war im Begriff weiter vorzubringen, als Prinz Karl sich mit größter Tapferkeit entgegen stellte, und den Feind in seine vorige Position zurück trieb. Es blieben bei dieser sehr hitzigen Aktion über 2000 Franzosen und Deutsche. Einige Zeit störten nun die Belagerten die östreichischen Werke und Batterien nicht, bis am 26. Nov. ein neuer Ausfall erfolgte, welcher aber, ohne daß der Feind in die Paralellen eindringen konnte, mit Verlust abgetrieben ward. Hierauf fiengen am 28. November alle zu Stande gebrachten östreichischen Batterien mit besten Erfolge zu spielen an. Am 1. Dez. stürmten die Deutschen die feindlichen Verschanzungen vor dem Dorfe Kehl, und eroberten erstere, so wie letzteres. Durch das ununterbrochen fortgesetzte Artillerie und Bombenfeuer wurde die Jochbrücke zum Theile unbrauchbar gemacht, die Schiff und fliegende Brücke aber beschädigt. Am 5. Dez. wurden die feindlichen Fleschen nebst dem Damme und der große Kehlkopf nach einem blutigen Gefechte erobert, und die Werke immer der Vestung näher gebracht. Täglich fielen fast blutige Gefechte vor, der Feind vertheidigte jeden Fuß breit Landes aufs hartnäckigste, und die Belagerer hatten, außer den sonstigen außerordentlichen Beschwerlichkeiten, fast mit der ganzen Moreauschen Armee zu kämpfen. Am 9. 10. 11. Dez. focht man fast ununterbrochen beim Posthause und Erlenkopf. Mehrmalen eroberten die Kaiserlichen die dortigen Verschanzungen, und verloren sie wieder. Der Verlust dabei auf beiden Seiten war nahmhaft, unter andern wurde Obrist Haid verwundet. Erst am 19. Dez. behaupteten die Deutschen vorgenannte Posten vollkommen. Nun wurde die Lage der Vestung immer kritischer. Am Neujahrstage unternahm, unter Leitung des F. M. L. Staader, der tapfere Prinz Friedrich von Oranien, einen Sturm auf die vor dem verschanzten feindlichen Lager befindlichen 3 Fleschen und die Schwabenschanze, und eroberte solche, griff hiernächst das Lager selbst an, und emportirte es ebenfalls mit ausnehmender Bravour. Es wurden 17 Kanonen erobert, 9 vernagelt, mehrere hundert Franzosen getödtet, und 200 gefangen. General Zopf und Obrist Malowitz zeichneten sich hiebei noch vorzüglich aus. Der österreichische Verlust bestand in etliche 50 Todten und 250 Verwundeten. Die Belagerten versuchten zwar am 2. Jenner das Verlorne wieder zu erobern, wurden aber zurück geschlagen. Täglich drangen die Deutschen nun weiter vor, und bald war die Besatzung auf Kehl allein eingeschränkt. Man nahm am 7. 8. Jenner 1797 noch die letzten 3 Schanzen ein, und war nun soweit, daß die Brücke zwischen Kehl und Strassburg, über welche die Garnison Ablösung, Unterhalt ꝛc. erhielt, bestrichen werden konnte. In dieser Lage blieb dem Kommendanten Gen. Deßsaix nichts übrig, als eine Kapitulation vorzuschla=

schlagen, welche auch am 9. Jenner zu Stande kam, kraft welcher die Franzosen freien Abzug erhielten, und die Kaiserlichen am 10. Besitz von dem zerstörten Kehl nahmen. Man rechnet, daß 127,000 Schüsse und Würfe auf die Vestung und Werke geschehen sind.

Noch war die **Brückenschanze** bei Hüningen in feindlichen Händen; welche Schanze Moreau beim Uebergange über den Rhein hatte anlegen, und nachmals zu einem furchtbaren Vertheidigungspunkte vermehren lassen. Bei seinem Rückzuge ließ er ein Korps unter General Abatucci daselbst zurück, und Prinz Karl übertrug dem Fürsten Fürstenberg die Belagerung derselben. Seit der Schlacht bei Schliengen am 24. Okt. hielt der Fürst dieselbe eingeschlossen, und hatte förmliche Werke dagegen aufführen, auch aufs heftigste, jedoch ohne Erfolg beschießen lassen. Er hoffte dieselbe durch einen Ueberfall vielleicht eher, und mit weniger Zeit und Menschenverlust zu erobern, und wagte am 1. Dez. in der Nacht mit 6000 Mann einen Sturm, nahm wirklich die Sternschanze ein, und drang bis zur Hauptbatterie vor; *) aber nun kam von Hüningen der Besatzung eine beträchtliche Verstärkung zu Hülfe, und nöthigte die Deutschen mit Verlust 500 Mann zum Rückzuge. Der kais. General begnügte sich in der Folge die Schanze blos blockirt zu halten, und die Besatzung und Stadt

---

*) General Abatucci wurde dabei getödtet.

Stadt Hüningen durch öftere Kanonaden und Bombardements zu ängstigen; in der Ueberzeugung, daß wenn Kehl fallen würde, die Uebergabe des Brückenkopfs auch erfolgen müße. Es bestätigte sich auch wirklich: denn nach der Uebergabe von Kehl und als Erzherzog Karl in Begriff stand, mehrere Truppen zum Fürstenbergischen Korps stoßen zu lassen, auch sich selbst dorthin verfügte, kapitulirte der französische General Dufour am 1. Februar 1797. Die Besatzung erhielt freien Abzug mit Allem; die französischen Werke wurden alle, und auch ein Theil der kaiserlichen zerstört, und um diese Demolirung zu bewerkstelligen, für dortige Gegend ein Waffenstillstand auf 4 Wochen in der Kapitulation festgesetzt. Unter Fürst von Fürstenberg zeichneten sich bei der Belagerung der Hüninger Brückenschanze, nebst andern, vorzüglich aus, die Obersten Rouvroy und Deveaux, und die Hauptleute Pulsky und Fasching.

In Italien hatte das Pariser Direktorium zu Ende Nov. 1795 absichtlich in keinen förmlichen Waffenstillstand gewilligt, wie S. 105 des vorigen Theils dieser Geschichte bemerkt worden. Es hatte dasselbe den Plan, die ersten und entscheidensten Unternehmungen in diesem Lande auszuführen, und mit der möglichsten Anstrengung dort zu agiren, in der Absicht den Krieg in die Staaten des Kaisers zu spielen, die Glieder der Koalition in Welschland durch Gewalt von dem Bunde abzuziehen, so die Anzahl seiner

Feinde

Feinde immer mehr zu vermindern, und den
Krieg, dessen Fortsetzung man bei den erschöpften Hülfsmitteln Frankreichs auswärts für unmöglich hielt, aus den Kassen fremder Länder
und ihrem Eigenthume zu führen. Die französischen Armeen wurden ansehnlich verstärkt, und
das Kommando derselben, statt des General
Scherer, welcher den vorigen Feldzug glücklich
geendigt hatte, einem bis dahin unbekannten,
aber in die größten Geheimnisse der herrschenden
Partei eingeweihten und solcher innigst ergebenen
jungen Manne, dem General Buonaparte
anvertraut. Keine bessere Wahl hätte es nicht
treffen können; denn schwerlich wird ein Beispiel in der Geschichte aufzuweisen seyn, daß ein
Feldherr so ununterbrochen, und in so überreichen Maaße in allen Unternehmungen vom Glücke begünstigt worden wäre, als dieser *): und
seine Progressen mußten, um so bedenklicher werden, als er Politik mit Kriegsglück vereinigte,

mit

---

*) Buonaparte 27 — 28 Jahr alt, auf Korsika
geboren, dessen Großmutter einen Basler zur Ehe
hatte, wurde durch die Revolution ans Licht gezogen. Er wurde in der königl. Artillerie Schule
zu Paris erzogen, war 1793 Hauptmann, Anfangs 1795 Brigaden General in Italien, zeichnete sich bei der Wiedereinnahme von Toulon aus,
und wurde in den blutigen Tagen des Okt. 1795
nach Paris berufen, trug wesentlich zum Siege
des Konvents über die Pariser Sektionen bei, erhielt zur Belohnung das Oberkommando im Innern und nun das über die Italienische Armee.

mit einer Nation, wie die Italienische ist, welche eine natürliche Abneigung gegen die Deutschen nährt, zu thun hatte, und den großen Haufen durch das Blendwerk der Freiheit auf seine Seite zu ziehen wußte. — Der Name Buonaparte war bis dahin in der Maaße unbekannt, als jener des Feldherrn, welchen der Kaiser zu seinem kommandirenden Generale in Italien neuerdings ernannt hatte, berühmt war. F. Z. M. Baron Beaulieu *) ein längst als Held bekannter General, bekam das Kommando der österreichischen Armee, und Gen. Colli führte den Befehl über das vereinigte Piemontesisch-Oestreichische Heer, wie im vorigen Jahre. Es ließ sich voraussehen, daß der Kampf in Italien blutig werden würde; er wurde es aber, wie die Folge bewies, über alle Vermuthung.

F. Z. M. Beaulieu kam im Merz 1796 in Italien an, und verlegte das Hauptquartier seiner gegen 50000 Mann betragenden Armee von Pavia nach Alessandria, ließ auch die Truppen eine Bewegung vorwärts machen. Am 31ten Merz

---

*) Aus Brabant gebürtig, über 70 Jahre alt. Im 7jährigen Kriege war er Staabsoffizier beim großen Generalstaab. Nach dem Hubertsburger Frieden legte er den treflichen Lustgarten in Larenburg an, hernach war er lange Zeit Obrist und Kommendant in Mecheln. Bei den Niederländischen Unruhen wurde er Generalquartiermeister, und diente damals sowohl, als in dem bisherigen französischen Kriege, wie aus den vorigen Theilen dieser Geschichte zu sehen ist, immer mit Ruhm.

Merz und 1. Apr. brachen die Kaiserlichen weiter nach dem Genuesischen Gebiete auf, und zogen sich über Novi nach der Bochetta: und so wie auf diese Art Beaulieu sich von der Mayländer Seite Genua näherte, rückte ein Korps Franzosen vom Küstenlande her gegen die Stadt an, so daß sich die beederseitigen Truppen immer mehr näherten. Am 6ten April fiel der erste Scharmützel zwischen Melle und Marone am Gebirge vor, wo der rühmlichst bekannte Obrist nun General Vukassovich *) 800 Franzosen in die Flucht trieb, etliche 30 erlegte, einige gefangen nahm, und mehrere Flinten erbeutete. Hierauf rückte am 8ten April der Feind von Voltri gegen die vorliegenden Anhöhen an, und schien den linken Flügel des Obersten mit einem Angriffe zu bedrohen. Rasch gieng ihm dieser entgegen, trieb ihn in seine Verschanzungen bei Aqua Santa und dann auch aus diesen bis Voltri. Dabei blieben 40 Franzosen auf dem Platze, über 100 wurden verwundet und 30 gefangen. Der kaiserliche Feldherr befahl hierauf am 10. April Voltri anzugreifen: der Feind wurde wirklich aus seinen Verschanzungen geworfen, verlor 200 Mann nebst 12 Offiziers an Gefangenen, und hatte 500 Todte und Verwundete. Auch wurde ein Magazin erbeutet. General Beaulieu suchte
aus

---

*) Ein Kroat, des Marien Theresien Ordens Ritter, aus dem letzten Türkenkriege bekannt.

aus der Eroberung dieses importanten Postens Vortheil zu ziehen, und die feindliche Armee an der Küste zu verdrängen. Er verfügte sich am 11. Apr. selbst nach Voltri, um Abrede mit dem Kommandeur der englischen Flotille, welche die Unternehmung von der Seeseite her unterstützen sollte, zu nehmen, und gab Befehl indessen mit dem linken Flügel der Armee gegen die Gebirgspässe zu marschiren. Von Voltri gieng er nach dem Passe Bochette, dem Schlüssel vom Genuesischen und Mayländischen, wo er das Unglück hatte durch Zerbrechung des Wagens etliche Stunden aufgehalten zu werden, während welcher Zeit der rechte östreichische Flügel unter General Argenteau *) mit dem Feinde zu früh in ein Treffen gerieth. Buonaparte hatte die Oestreicher irre zu führen gesucht; er wollte ihre Aufmerksamkeit auf die Genuesische Küste ziehen, und indessen einen Hauptschlag im Gebirge ausführen, oder die Deutschen tourniren, und (so wie sein Lieblingsunternehmen im ganzen Feldzuge war) ein einzelnes abgesondertes Korps nach dem

---

*) Graf Mercy Argenteau ist ein Neveu des bekannten in London verstorbenen Gesandten gleiches Namens, aus Lüttich gebürtig, etliche 50 Jahr alt; war Obrist des Regiments Laudon, und hat den 7jährigen, baierischen Successions- und Türkenkrieg rühmlichst mitgemacht. Wegen des unglücklichen Vorfalls am 12. April wurde ihm verschiedenes zur Last gelegt, wobei seine beste Rechtfertigung aber diese ist, daß ihm der Kaiser den Marien Theresien Orden ertheilte.]

dem andern mit ganzer Macht überfallen, und
aufreiben. Er hatte Voltri vorsetzlich nicht kräf-
tiger vertheidigen lassen, damit die Deutschen
durch diesen Vortheil sicher gemacht, folgen möchten, wo er mit Uebermacht über sie herfallen
könnte. Diese Kriegslist glückte, indem F. M.
L. Argenteau am 11. Apr. gegen Montenotte
vorrückte, und den Posten angriff. Man kann
gewisser Maaßen annehmen, daß die nachgefolg-
ten Unfälle des tapfern Beaulieu in dem 11ten
April ihren Ursprung hatten. — Neben dem
General Argenteau kommandirte am 11. April
der brave Rukovina den Angriff. Der Anfang war glücklich, die ersten französischen Posten wurden überwältigt, und die Oesterreicher
drangen bis Monte-Regino vor. Aber hier
wurden sie von 1500, in einer äußerst festen
Position stehenden Feinden aufgehalten, so daß
sie die Nacht durch vor den Schanzen, jedoch
in der Absicht, den 12. April die Attake zu erneuern, stehen bleiben mußten. Während der
Nacht ließ Buonaparte einen großen Theil
seiner Macht unter den Generals Laharpe und
Massena dorthin ziehen, und griff nun bei Anbruch des Tags am 12. April von seiner Seite
in 3 Kolonnen mit 30000 Mann, von Savona,
Vado und dem St. Jakobsberg her, die 10000
Deutschen des Generals Argenteau von vorne,
in der Flanke, und im Rücken an, wodurch die
Schlacht bei Montenotte für letztere sehr unglücklich ausfiel, und die kais. Generale so gut,

wie

wie möglich, aber mit beträchtlichen Verluste retiriren mußten. Die Oestreicher verloren am 11. und 12. April an Todten und Verwundeten 1200 Mann. Gen. Rukovina, Obrist Cerini, Obristlieut. Hollbeinsberg und Lezzeny, die Majors Blavier und Mattenclott ꝛc. wurden verwundet, Obrist Stabler und Obristl. Neslinger nebst andern Offiziers gefangen. Die Bataillons Stein, Terzi, Pellegrini und Erzherzog Anton litten am meisten. Argenteau zog sich bis Dego zurück, wohin ihm der Feind am 13. April folgte, aber sich schnell schwenkte, und seinem Plane zu Folge, über ein abgetheiltes kais. Korps nach dem andern herzufallen, sich über das bei Millesimo stehende Häuflein des General Provera von 1500 herwarf. Mit unbeschreiblicher Tapferkeit, welche selbst der Feind nicht genug bewundert konnte, schlug sich Provera durch die französischen Kolonnen durch, und verschanzte sich in den Ruinen des festen Bergschlosses Cossaria. Der Feind umzingelte ihn, und General Angerau foderte ihn auf, sich zu ergeben; aber vergebens. Er schlug die Stürme der Franzosen ab, achtete die fürchterlichste Kanonade nicht, und wehrte sich gegen den größten Theil der französischen Armee so tapfer, daß diese in ihrem Marsche aufgehalten wurde, die republikanischen Generale Banel und Quenin auf dem Platze blieben, eine Menge Offiziers, worunter General Joubert, verwundet wurde, der Feind mehr als 1000 Mann gegen ihn einbüßte

und

und sich den ganzen 13. April und die Nacht hindurch behauptete. Endlich da Provera am 14. sah, daß er vergeblich auf Entsatz warte, war er genöthigt eine Kapitulation einzugehen, kraft welcher sich sein noch aus 1327 Mann bestehendes Korps zu Kriegsgefangenen ergab, die Offiziers jedoch auf ihr Wort entlassen wurden. Der größte Theil der französischen Armee, welcher nun nichts mehr im Wege stand, wendete sich hierauf wieder gegen Dego, wo sie am 13. April den General Argenteau gelassen hatte, und griff solchen am 14. April, mit neuen Truppen verstärkt, mit Uebermacht von allen Seiten und im Rücken an. Der kaiserl. General hatte vom F. Z. M. Beaulieu den Befehl sich in Dego aufs äusserste zu vertheidigen: aber da die Uebermacht zu groß war, sah er sich genöthigt, mit beträchtlichen Verluste an Todten, Verwundeten und Gefangenen den Ort zu verlassen; welches die Retirade der ganzen Armee nach sich zog. Letztere büßte dabei abermals einige 1000 Mann, 20 Kanonen nebst vielen Feldgeräthschaften ein, und retirirte gegen Acqui. — Zur Unterstützung des Postens von Dego und Generals Argenteau hatte indessen Obrist Vukassowich, welcher mit 6000 Mann Kroaten, von Nadasti und Alvinzy bei Sassello stand, vom Obergeneral Beaulieu die Ordre erhalten, zu Hülfe zu eilen; aber leider! fand er Dego am 15. April, als er ankam, schon verlassen. Dessen ohnerachtet wagte er den Feind anzugreifen; und seine äusserste

Ent-

Entschlossenheit hatte auch den Erfolg, daß es den Ort wieder einnahm, 1500 Feinde tödtete, viele Offiziers, worunter General Causse und die Brigaden Chefs Rondeau und Dupuis, erlegte, 500 Gefangene machte, und einen vollständigen Sieg erfochte. Alleine da die Hauptarmee schon zurück war, und die ganze feindliche Macht auf ihn allein fiel, so konnte dieser Vortheil von keinen Folgen seyn, er mußte vielmehr diesen wieder verlassen, und war genöthigt ebenfalls zurück zu gehen. Zugleich überwältigte ein anderes übermächtiges feindliches Korps, welches durch das Thal von Calisano kam, den Posten St. Giovani Murialdo, drang durchs Thal Stanaro und wurde nach einem hartnäckigen Gefechte Meister von Battifollo. Diese Anfälle und noch verschiedene andere nachtheilige Gefechte trennten die Kommunikation (bei einem ohnehin so schikanösen Terrain) zwischen der kaiserl. und piemontesischen Armee; Beaulieu mußte das Genuesische (welches sehr ins Gedränge kam) verlassen, nahm das Hauptquartier zu Acqui, und stellte die Vorposten von Bochetta über Villa Calde, nach Rosiglione, Ponzone, Mollare, Cremolino, Caroffio, und Melazzo. — Der Verlust zusammen genommen in den bisher erzählten Aktionen betrug an 6000 Mann, aber auch die Franzosen büßten, was Todte und Verwundete betrifft, nicht viel weniger ein.

Die französische Armee wurde durch immer aus dem Innern kommende frische Truppen verstärkt,

stärkt, fühlte folglich den bisherigen Abgang nicht so, wie die Deutschen, und fiel nun am 16ten April, nachdem Beaulieu zurück gedrängt und auſſer Stand geſetzt war, sie daran zu hindern, mit geſammter Macht über das piemonteſiſch-öſtreichiſche Heer unter Kommando des Generals Colli her. Dieſes ſtand in einem befeſtigten Lager bei der Veſtung Ceva, und ſchlug den erſten äuſſerſt lebhaften Angriff des Feindes am 16ten April mit größter Tapferkeit zurück. Der franzöſiſche Verluſt betrug mehrere hundert Mann. Dieſes ſchreckte aber den unternehmenden Buonaparte nicht ab, vielmehr wurden von ihm alle Anſtalten zur Erneuerung des Angriffes getroffen. Er hatte den größten Theil seiner Macht bei ſich, die auf 70000 Mann geſchätzt wurde, da hingegen die Piemonteſer nur 40000 ſtark waren. Colli fand daher für rathſam, ſich keinem ungleichen Kampfe auszuſetzen, verließ das feſte Lager in der Nacht vom 16. — 17. April, und retirirte mit Rettung der Artillerie und Bagage nach Vicco und Mondovi; wobei er aber beſtändige Attaken auszuhalten hatte, welche zwar dem Feinde viele Leute, den Sardiniern aber noch mehr koſteten. Ceva ließ er mit 5 Bataillons und dem Befehle, ſich möglichſt zu vertheidigen, beſetzt. Auf der Retirade wurde er aufs lebhafteſte verfolgt, und beſonders ward ein Korps von 11000 Mann bei Monbarco von 3 feindlichen Kolonnen auf allen Seiten angegriffen, ſchlug ſich zwar mit ausnehmen-

der Tapferkeit mit dem Bajonette durch, verlor aber mehr als 2500 Mann. Es zog gegen Mondovi hinn, und die piemontesische Armee nahm die Stellung am Flußse Cursaglio, wo sie sich am 18. und 19. April sammelte. Buonaparte nahm die Stadt Ceva ein, und besetzte die ganze Gegend bis nach Mondovi. Der Oberbefehlshaber Colli hatte eine feste Stellung bei obgenannten Flußse genommen, in welcher der Feind ihn mit einzelnen Korps nicht anzugreifen traute; Buonaparte vereinigte also seine ganze Macht wieder, und ließ am 20. April den piemontesischen rechten Flügel bei St. Michel durch General Serrurier attakiren. Dieser emportirte den Platz und setzte sich da fest. Auf dem linken Flügel hatte indessen wegen Tiefe des Flußses der Angriff keinen Succeß haben können, daher auch Serrurier in seine vorige Stellung zurück gieng. Beide Armeen blieben die Nacht hindurch einander im Gesichte stehen. Die Republikaner machten alle Anstalten zur Erneuerung des Angriffes, General Colli aber suchte sich, da die ganze feindliche Uebermacht auf ihm lag, und die östreichische Armee ihm nicht zu Hülfe kommen konnte, immer weiter zurück zu ziehen. In der Nacht vom 21. April gieng ein französisches Korps über den Tanoro und nahm das Dorf Lezegno ein, worauf Colli eiligst über Vico retirirte. Alleine hier standen ihm die Feinde schon im Gesichte und attakirten von mehreren Seiten. Es entstand am 22. April eine
Schlacht,

Schlacht, welche 4 Stunden dauerte, und worinn die Piemonteser an Todten, Verwundeten und Gefangenen 1800 Mann, 8 Kanonen, 11 Fahnen und anderes einbüßten. Colli zog sich nun hinter die Stura zurück, ließ eine Besatzung in Coni, und ein Vorpostenkorps bei Cherasko: mit dem Ueberreste gieng er bis nach Carmagnola, einige Stunden von der Residenz des Königs von Sardinien Turin. Bald darauf kam auch das Korps von Cherasko daselbst an, und alle piemontesischen Truppen zogen sich in der Gegend von Turin zusammen. Buonaparte hatte nach einem heftigen Bombardement die Citadelle von Ceva eingenommen, zog in Mondovi und Cherasko ein, und bedrohte Turin. In diesem Drang der Umstände, bei der Gefahr, welche der Residenz selbst drohte, und da die piemontesische Armee um die Hälfte zusammen geschmolzen war, auch hie und da bedenkliche Gährungen sich äusserten, glaubte der König von Sardinien, den Franzosen Friedensvorschläge thun zu müßen, welche zur Folge hatten, daß am 28. April zwischen dem General Buonaparte und Generallieutenant Latour ein Waffenstillstand, und bald darauf der förmliche, aber für den König harte Friedensschluß *) zwischen Frankreich und Sar-

---

*) Friedenstraktat zwischen Frankreich und dem Könige von Sardinien, abgeschlossen von dem französischen Minister der auswärtigen Angelegenheiten Delacroix und den sardinischen Bevollmächtigten

Sardinien zu Stande kam, wodurch die Koalition wieder eines Gliedes beraubt wurde, der Feind

ten Ritter von Revel und Tonso. 1. Es soll Freundschaft, Friede und gute Nachbarschaft zwischen der französischen Republik und dem Könige von Sardinien seyn. Vom gegenwärtigen Traktate an, hören alle Feindseligkeiten auf. 2. Der König entsagt aller Verbindung der Koalition wider Frankreich, auch jedem Of und Defensivtraktat. Er wird unter keinerlei Vorwand einer Macht, welche mit Frankreich Krieg führet, irgend ein Kontingent an Mannschaft oder Gelde liefern. 3. Der König von Sardinien entsagt unbedingt auf immer, für sich und seine Nachfolger, zum Besten der französischen Republik aller Rechten und Ansprüchen auf Savoyen, Nizza, Tenda und Boglio (Beuil.) 4. Die Grenzen zwischen den Staaten des Königs von Sardinien und der französischen Republik sollen nach einer Linie bestimmt werden, welche durch die weitesten in Piemont hinein liegenden Gipfel und Anhöhen, und hiernächst bezeichnete Oerter von den Grenzen des ehemaligen Faucigny, des Herzogthums Aosta und des Walliser Landes bis an das äusserste Ende der Glacieres oder Monts Maudits gezogen werden soll. Diese Punkte sind 1) die von dem Col=Major östlichen Höhen der Alpen, 2) der kleine St. Bernard, 3) die Höhen des Monts Alban, des Col di Cresance, und Monts Iseran. 4) Von da gegen Süden zu die Höhen von Celst und Groß=Cavall. 5) Der große Mont Cenis. 6) Der kleine Mont Cenis. 7) Die Höhen, welche das Thal Bardonahe, vom Val des Prés scheiden. 8) Der Berg Genevre. 9) Die Höhen, welche das Thal Quieres von dem

der

Feind wesentliche Vortheile gegen die östreichische Lombardey durch Einräumung der piemontesischen

der Waldenser scheiden. 10) Der Berg Viso. 11) Der Col Maurin. 12) Der Berg von Argentieres. 13) Der Ursprung der Ybaryette und der Stura. 14) Die Gebirge zwischen den Thälern der Stura, und des Gesso einer Seits, und zwischen der Ebene von Etienne oder Tinea, St. Martio oder Vezubia, und von Tenda oder Roya, ander Seits. 15) Roche Barbon an den Grenzen des genuesischen Gebiets. Wenn sich einige Gemeinden oder Distrikte, die gegenwärtig mit der französischen Republik in Freundschaft stehen, ausserhalb der bezeichneten Grenzlinie befinden sollten; so sollen sie mit zu der französischen Republik gehören, ohne daß man dagegen eine Einwendung aus dem vorstehenden Artikel ziehen könnte. 5. Der König von Sardinien verpflichtet sich, keinen Emigrirten oder deportirten Franzosen einen Aufenthalt in seinen Staaten zu verstatten. Nur die Emigrirten aus dem Departement des Montblanc, oder der See-Alpen, kann er so lange in seinem Dienste behalten, als sie keine Gelegenheit zu klagen über Unternehmungen und Manöuvres gegen die Sicherheit der Republik geben. 6. Der König von Sardinien entsagt allen Forderungen, die wegen beweglicher Güter aus ältern Gründen, vor gegenwärtigem Traktate, existirt haben könnten. 7. Es soll zwischen beiden Mächten unverweilt ein Handelstraktat nach billigen und solchen Bedingungen geschlossen werden, wodurch der französischen Nation wenigstens eben diejenigen Vortheile bewilligt werden, die die am meisten begünstigten Nationen genießen. 8. Der König von Sardinien verpflichtet sich, allen denjenigen

schen Vestungen und des freien Durchmarsches erhielt, und ganz Italien nunmehro der größten Gefahr ausgesetzt war.

Wäh=

Unterthanen, welche wegen politischer Meinungen verfolgt wurden, eine vollkommne Amnestie zu ertheilen. Es sollen ihnen alle ihre Güter, oder der Werth derselben, wenn sie verkauft worden, unverweilt zurück gegeben werden. Sie haben die Freiheit darüber zu verfügen, und in die Staaten des Königs von Sardinien zurück zu kehren, sich darinnen aufzuhalten, oder sie zu verlassen. 9. Die französische Republik, und Se. Maj. der König von Sardinien verbinden sich, den Beschlag, der über Effekten, Einkünften oder Güter der Bürger oder Unterthanen einer der beiderseitigen Mächte, in Rücksicht des Kriegs, gelegt seyn möchte, aufzuheben, und zu gestatten, daß alle ihnen zukommende Rechte nach den Gesetzen, ausgeübt werden können. 10. Alle respektive Gefangene sollen innerhalb dem Termine eines Monats, von dem Tage der Auswechslung des gegenwärtigen Traktats angerechnet, zurück gestellt werden. Sie sollen aber die Schulden bezahlen, welche sie, während ihrer Gefangenschaft, gemacht haben möchten. 11. Keine der kontrahirenden Mächte darf den Truppen der Feinde, der andern Macht, den Durchzug durch ihr Gebiet gestatten. 12. Die Truppen der Republik sollen nicht allein die Vestungen Coni, Ceva, und Tortona, und das Terrain, welches sie occupiren, sondern auch die Vestungen Exiles, Suza, Assiette, Brunette, Chateau=Dauphin und Alexandria besetzen. Anstatt des letztern Platzes kann Valenza besetzt werden, wenn der französische General es für zuträglicher hält. 13. Diese genannten Plätze und ihr Gebiet

sollen

Während der bisher erwähnten Vorfälle bei der piemontesischen Armee hatte das kaiserl. Heer An-

sollen dem Könige von Sardinien nach geschlossenem Handelstraktate, nach Festsetzung der Grenzlinien, und nach dem allgemeinen Frieden, wieder zurück gegeben werden. 14. Die Gebiete, welche die Truppen der Republik occupiren, und zurück gegeben werden sollen, bleiben zwar unter der Civil-Regierung Sr. Maj. des Königs von Sardinien; müßen aber die Militair-Kontributionen, und Lieferungen von Lebensmitteln und Fourage, welche für die französische Armee noch gefodert werden könnten, unverweigerlich entrichten. 15. Die Vestungswerke von Brunette und Susa, und die Verschanzungen oberhalb letztgedachter Stadt müßen auf Kosten Sr. Sardinischen Maj. geschleift werden. Und der König darf an diesem Theile der Grenze keine Vestungswerke weder anlegen noch ausbeßern laßen. 16. Die Artillerie der besetzten Plätze, deren Schleifung nicht stipulirt worden, kann zum Dienste der französischen Republik gebraucht werden, soll aber mit den Plätzen zugleich wieder zurück gegeben werden. Die Kriegs- und Mundprovisionen können ohne Vergütung für den Dienst der republikanischen Armee verbraucht werden. 17. Die französischen Truppen werden das Recht des freien Durchmarsches durch die Staaten des Königs von Sardinien genießen, um nach dem Innern von Italien zu gehen, und auch daraus wieder zurück zu gehen. 18. Der König von Sardinien nimmt von jetzt die Vermittlung an, um die Streitigkeiten definitiv zu entscheiden, welche so lange her zwischen Sr. Majestät und der Republik Genua gedauert haben, und über die respektiven Pretensionen zu entscheiden. 19. In Folge

Anfangs seine Stellung bei Oviglio. Ein Detachement kaiserl. und neapolitanischer *) Truppen stand bei Dezzo und ein anderes bei Pazalo Formigaro; als aber General Colli Cherasko verlassen, und bis Carmagnola retirirt hatte, nahm Beaulieu die Position bei Tortona, und ließ ein Korps bei Valenza über den Po und weiter in die Lumellina marschieren, um, weil er den Waffenstillstand zwischen Sardinien und Frankreich vorher sah, nach Umständen die bei der piemontesischen Armee stehenden Hülfsvölker an sich zu ziehen, und möglichst für die Sicherheit der Lombarden zu sorgen. Als nun der Waffenstillstand am 28. Apr. wirklich geschlossen wurde, versammelte er ersterwähntes Hülfskorps unter General Colli bei Feliciano, vereinigte es am 3. May mit der Armee und ließ es eine Stellung

---

Folge des zu Haag geschlossenen Traktats ist die batavische Republik in diesem Trattat mit eingeschlossen, und alles auf den Fuß, wie vor dem Krieg hergestellt. 20. Der König wird durch seinen Minister bei der französischen Republik das Betragen gegen den letztern Ambassadeur Semnonville mißbilligen lassen. 21. Der gegenwärtige Traktat soll ratifizirt, und die Ratifikationen binnen Monatsfrist ausgewechselt werden. Paris den 26. Floreal (15. May) 1796. Karl de la Croix. Ritter von Reveil, Ritter von Tonso.

*) Es standen 8000 neapolitanische Truppen bei der kaiserl. Armee, waren aber neuerdings etliche tausend Mann auf dem Marsche.

lung zur Deckung von Valenza nehmen. Die Lage des F. Z. M. Beaulieu wurde durch den Abtritt der Sardinien sehr kritisch. Der Feind behielt alles bisher gewonnene Terrain inne; bekam in dem Waffenstillstande die Vestungen Coni, Alexandria, Tortona, Ceva ꝛc. Waffen, Munition, und Lebensmittel; er hatte nicht mehr mit Mangel zu streiten, welcher ihn bisher gedrückt hatte; konnte im schlimmsten Falle auf einen sichern Rückzug rechnen; wurde immer mehr durch die bisher in der Provence gegen die Vendeeisten gestandenen Truppen und durch die Kellermannische Armee aus Savoyen verstärkt, und erhielt im 4. Artikel des Waffenstillstands ausdrücklich freien Durchzug durchs Piemontesische, um bei Valenza *) über den Po zu gehen. Dieser Uebergang war von der äussersten Wichtigkeit für ganz Italien. Beaulieu wendete alles an, um dem Feinde solchen zu verwehren. Er selbst paßirte den Fluß mit seiner ganzen Armee bei Valenza und Voghera, ließ die Brücken hinter sich abbrechen, und postirte die Truppen auf dem dißseitigen Ufer in Verschanzungen; und als der Feind über Voghera und Carteggio nachdrang, wurde ein Korps Kaiserl. und Neapolitaner zwischen dem Olano und Lambro, besonders wegen des

---

*) Villeicht machte dieser Artikel, daß die Kaiserlichen ihre Hauptstärke bei Valenza sammelten; sie wurden aber getäuscht.

des Postens von Parnapesse (auf dem linken Ufer) zur Deckung des linken Flügels der Armee aufgestellt, der rechte aber erstreckte sich über Mayland bis Somma, so daß eine Vertheidigungslinie von Sesto, Pavia bis Placenza gezogen war. Buonaparte machte verschiedene Hinn und Hermärsche, um die Oestreicher irre zu führen, plötzlich aber eilte er mit dem größten Theile seiner Macht nach Placenz. Man glaubte seine Absicht gehe nach Parma; aber unvermuthet gieng er hier am 7. May über den Po, wodurch Beaulieu genöthigt wurde, mit seinem Korps, welches bei Valenza den rechten Flügel der Armee ausmachte, zurück zu ziehen, um durch die Uebermacht nicht abgeschnitten zu werden. Bei Placenz standen nur 2 Eskadrons Kaiserliche: diese waren zu schwach den Uebergang zu verwehren, und zogen sich an die bei Fombio stehende Division des Generals Liptay *), etwa 4000 Mann stark, zurück. Die Franzosen griffen dieses Korps sogleich an. Liptay vertheidigte sich aufs tapferste, und erhielt sich den 7. und 8. May gegen den sechsmal stärkern, und durch die über den Fluß immer nachkommenden mehreren Truppen, noch mehr an-

wach-

---

*) Dieser tapfere General ist ein geborner Ungar, war im Türkenkriege Oberstlieutenant, hernach Oberst des Regiments Reisky und ist des Marien Theresien Ord:ns Ritter. Kaiser Joseph schenkte ihm ein Gut und 100,000 fl.

wachsenden Feind, tödtete 1500 und machte auch einige Gefangene. In der Nacht hatte Beaulieu 5000 Mann zu Hülfe marschieren lassen, aber diese stießen zu Codogno schon auf ein feindliches Korps unter dem General Laharpe, und es entstand eine äusserst blutige Aktion. Die Kaiserlichen eroberten Codogno, machten eine Menge Feinde nieder, 800 Gefangene und eroberten 8 Kanonen. Aber nun wuchs die Anzahl des Feindes zu einer so großen Uebermacht, daß die Oestreicher, um nicht ganz umrungen zu werden, Gefangene und Kanonen verlassen und retiriren mußten. Die neapolitanische Kavallerie litt dabei viel, und überhaupt schätzte man den Verlust bei Fombio und Codogno auf 4000, den der Franzosen aber auf 3000 Mann, worunter die französischen Generals Laharpe und Stengel. Dieser doppelte Verlust nöthigte den kais. Befehlshaber mit seiner geschwächten Armee eine andere Stellung zu nehmen. Er zog nach Lodi an der Adda und ließ die Brücke mit 20 Kanonen besetzen, in dem Vorsatze hier den Feind aufzuhalten. Buonaparte folgte unmittelbar nach, und es entstand am 10. May eine äusserst wüthende Schlacht, welche der Feind selbst die schrecklichste des bisherigen Feldzugs nannte, und eingesteht, den Sieg theuer bezahlt zu haben. Die französische Avantgarde griff zuerst Lodi an, und nach dem tapfersten Widerstande mußten die Oestreicher den Ort verlassen. Beaulieu zog die abziehenden Truppen an sich, und

stellte

stellte seine Armee hinter der Brücke an der Adda in Schlachtordnung. Nach einer äusserst lebhaften Kanonade, formirte sich die französische Armee in eine eng geschlossene Kolonne, und stürmte unter dem schrecklichsten Feuer der Oesterreicher auf die Brücke. Schon war der Feind in Unordnung und fieng an zu weichen, als Buonaparte vorsprengte und die wankenden Kolonnen von neuem vorführte. Die Generals Messena, Berthier, Cervoni, Dallemagne, Cosne, Düpot stellten sich an die Spitze und erneuerten den Sturm auf die 100 Klafter lange Brücke mit der größten Wuth. Sie wurden durch nachrückende Truppen unter den Generals Rusca, Augerau und Barraut immer weiter durchs fürchterlichste deutsche Feuer getrieben, und eroberten so durch Uebermacht die Brücke, sammt den 10 Kanonen, welche solche vertheidigt hatten. Beaulieu zog sich dessen ohnerachtet in beßter Ordnung zurück, und der Feind wagte ihn nicht einmal zu verfolgen. Der östreichische Verlust betrug in allem 2000 Mann, dahingegen sich der französische, bei den vielen Schwierigkeiten der Schlacht, über 4000 belief. Diese Schlacht öffnete dem Feinde Mayland und fast ganz Italien. Sie verschaffte ihm Ueberfluß aller Art, welches Buonaparte auf alle erdenkliche Weise zu benutzen wußte. Durch die feindliche Uebermacht genöthigt, mußte Beaulieu das Mayländische verlassen, und auf die Rettung der Vestung **Mantua**, dem Schlüssel

von

von Italien gegen die österreischen Erblande, bedacht seyn. Er legte noch eine Besatzung in die Citadelle von Mayland *), mit dem Befehle, sich aufs äusserste zu vertheidigen, zog seine Truppen zusammen, und nahm die Stellung bei Rivalta ohnweit Mantua, wo er am 15. May ankam, alle Vorkehrungen zur Vertheidigung und Verproviantierung dieses wichtigen Platzes traf, und die Besatzung noch mit 5000 Mann unter dem General Vukassovich verstärkte. Der Generalgouverneur der Lombardey Sr. königl. Hoheit Erzherzog Ferdinand verließ unter diesen Umständen mit dem Regierungspersonale am 9. May Mayland und begab sich nach Deutschland, und General Buonaparte zog am 12. May als Sieger in dieser großen Stadt ein. Ein großer Theil seiner Armee rückte über Mayland, Pavia, Lodi und Cremona, eine andere Kolonne aber über Como vor. Diese Umstände machten, der Kommunikation mit Tyrol wegen, von was

her

---

*) Das Fort ergab sich am 29. Juni, mittelst einer zwischen dem französischen General Despinoy und dem österreichischen Kommandanten Lamy abgeschlossenen Kapitulation. Die Besatzung 1800 Mann stark wurde Kriegsgefangen, und alles im Platze Vorfindliche ein Eigenthum des Feindes. Mangel an Artilleristen beschleunigte die Uebergabe. Nach französischen Berichten fand man 150 Kanonen, 12000 Flinten, viel Munition, und Lebensmittel. — Indessen hatte sich die Garnison tapfer gewehrt, und fast wäre Buonaparte am 18. Juli von ihr gefangen worden.

her der kaiserl. Armee Verstärkungen zuströmten, eine Veränderung in der Stellung nothwendig. Beaulieu nahm daher das Lager vor Roverbello hinter Mantua, gegenüber von Goito. Ein Theil der Besatzung von Mantua hatte Vorposten bei dem Einflusse des Mincio in den Po, und auf der andern Seite bis Marcaria und Mariana. Diese Stellung wurde durch Zwischenkorps gesichert, und bei Castelnuovo und Peschiera standen ebenfalls Abtheilungen, um die aus den Erblanden durch Tyrol kommenden Verstärkungen an sich zu ziehen, so daß am 21. May die Armee wieder 24000 Mann betrug. Am 28. May war bei Peschiera am Mincio ein Gefecht, worinn die Kaiserlichen die Oberhand hatten: allein am 30. fiel die französische Armee die deutsche Stellung bei Roverbello und Valeggio wüthend an, und Beaulieu war nach einem heißen Kampfe bei Castelnuova und Peschiera genöthigt, sich zwischen dem Lago di Garda und der Etsch nach Tyrol zurück zu ziehen. Das Hauptquartier kam nach Roverodo. Die Feinde folgten und versuchten am 2. und 6. Juni bei Dolce und La Chiusa *) die Etsch zu paßiren, wurden aber mit Verlust etlicher 100 Mann daran gehindert. Die Gefahr, welche Tyrol drohte, erweckte den Patriotismus dieses tapfern Volks und alles griff zu den Waffen, um

dem

---

*) Das Kriegstheater zog sich ganz auf venetianisches Gebiet.

dem Feinde den Eingang in dieses Gebirgland zu verwehren. — Es ereignete sich nun mehrere Tage nichts von Wichtigkeit: beide Armeen erwarteten Verstärkungen. Buonaparte suchte, ehe die Deutschen wieder offensive zu Werke gehen konnten, seinen Plan gegen die übrigen Regenten Italiens auszuführen, und war auch durch die im Mayländischen ausgebrochenen Empörungen verhindert, etwas gegen Beaulieu zu unternehmen. Mantua wurde indessen blokirt. Beaulieu legte das Kommando der kaiserl. Armee nieder, und bis F. M. Wurmser mit Verstärkung vom Rhein zu Uebernehmung des Kommando ankam, führte General Melas *) den Interims Oberbefehl.

Durch die bisher erzählten Unfälle kamen die Herzoge von Parma und Modena, der Pabst, Toskana, Venedig, Genua, Neapel und 50 andere kleinere italienische Fürsten sehr ins Gedränge. Man eilte durch Aufopferungen dem Ungewitter soviel möglich zuvor zu kommen. Der Herzog von Parma suchte zuerst Waffenstillstand beim französischen Obergeneral nach, welcher zwar bewilligt wurde, aber unter harten Bedingungen. Der Herzog verpflichtete sich 2 Mill. Livres baar, 1200 Zug, 400 Dragoner, und 100 Offiziers Pferde zu geben, 20 der schönsten Gemählde, 10000 Centner Korn, 5000 Centner

---

*) Ein Siebenbürger Sachse, sonst Obrist der Karabiniers, ein äusserst entschlossener Feldherr.

ner Hafer, 2000 Stück Hornvieh ꝛc. zu liefern. Einen ähnlichen Vertrag schloß Modena. Der Herzog machte sich zu 6 Mill. Livres, etlichen Millionen an Getraide, Vieh, Pferden, 20 Gemählden ꝛc. anheischig *). Venedig und Genua waren der Willkühr der Franzosen preis, und mußten jede Forderung von sogenannten Anlehen bewilligen. Von Toskana forderte Buonaparte 1 Mill. Entschädigung wegen der Kosten der Besetzung von Livorno (s. weiter unten) und selbst des Königs von Neapel Majestät schloß am 5. Juni durch den Fürsten Pignatelli zu Brescia einen Waffenstillstand, in welchem Er seine Truppen von der kaiserl. Armee, und die Schiffe von der englischen Flotte zurück zu ziehen versprach, übrigens aber alle Feindseligkeiten aufhörten. Dieser Vertrag wurde erst im Spatjahr (in Neapel am 2. Nov.) als Friede ratifizirt, und der König erhielt dadurch unter allen Mächten die vortheilhaftesten Bedingungen; welches den getroffenen fürchterlichen Vertheidigungsanstalten und dem Ernst der Regierung zuzuschreiben war. Die Ausschwei-

fun-

---

*) Buonaparte hob in der Folge, nachdem die Bedingnisse grossen Theils schon erfüllt waren, diesen Vertrag unter dem Vorwande auf, daß der Herzog der Besatzung von Mantua habe Unterstützung zufließen lassen. Die Länder des Herzogs wurden zu den neuen Republiken gezogen, und der Herzog mußte aus seinen eigenen Landen fliehen.

fungen, und Erpressungen der Franzosen *) er-
bitterten die Einwohner Italiens. An verschiedenen Orten brachen Empörungen aus, wie z. E.
zu Mayland, Pavia, Binasco, und Lugo (bei
Ferrara) welche sehr ernstlich wurden, und dem
General Buonaparte in den letzten Tagen des
May viel zu schaffen machten. Die äusserste
Strenge dämpfte sie indessen; eine Menge Personen wurden todt geschossen, viele als Geiseln fort-
geführt, und mehrere Häuser niedergerissen oder in
Brand gesteckt. Die Hartnäckigkeit der Empörten
kostete den Franzosen viele Leute. Buonaparte ließ
in der Lombardey ein starkes Truppen-Korps,
und wendete sich nun gegen die päbstlichen Staaten. General Augereau erschien am 19. Juni
vor Bologna und machte 400 päbstliche Soldaten zu Gefangenen. Buonaparte besetzte Ur-
bino, eroberte 50 Kanonen, viel Provision
und machte 300 Gefangene. Von da gieng er
nach Ferrara, das sogleich die Thore öffnete,
und wo er 140 Kanonen ꝛc. fand. Eben so
wurde Ravenna besetzt. Hierauf erklärte der
republikanische General die Provinzen Bologna
und Ferrara, als unabhängig vom päbstlichen
Stuhle und frei, und legte den Grund zu den
neuen Republiken, welche nach dem Muster von
Frank-

---

*) Mayland mußte unter andern nur allein baar
Geld 20 Millionen Livres, Bologna, Ferrara ꝛc.
7 Millionen ꝛc. zahlen. Die bisherigen Regie-
rungsformen wurden ganz umgestürzt, und uner-
schwingliche Lieferungen eingetrieben.

Frankreich errichtet werden sollten, und wozu er die Lombardey, Bologna, Ferrara, Ancona (päbstlich) die sonst modenesischen Herzogthümer Massa Carrara ꝛc. schlug, und welche unter dem Namen Eis und Transpadanische, Eis und Transalpinische Republiken vorkamen; — deren Consissenst, Bestandtheile und Benennung aber erst die Zukunft und der allgemeine Friedensschluß entscheiden wird. In dem Drang der Umstände suchte auch Se. Heiligkeit Frieden nach, und es kam am 23ten Juni ein Waffenstillstand zu Bologna zu Stande, in welchem der Pabst sich anheischig machte, an Frankreich 15 eine halbe Mill. baar, 5 eine halbe Mill. an Vieh, Waaren ꝛc. zu bezahlen, Ferrara, Bologna, und Ancona abzutreten, und 100 Gemählde, Büsten, Statuen und Vasen, nach der Wahl der französischen Kommissarien zu liefern. Diese Bedingungen schienen indessen in der Folge zu hart zu seyn, der Pabst verband sich, während Mantua noch das Schicksal von Italien unentschieden machte, mit dem Kaiser, erbat sich den General Colli zum Anführer der Truppen, und rüstete sich zum Kriege. Der Erfolg davon gehört jedoch in die Geschichte des 1797. Feldzugs.

Um den Handel der Engländer im mittländischen Meere ganz zu vernichten, ließ Buonaparte am 26. Juni den Toskanischen Hafen Livorno, unter dem Verwande, freundschaftlichen Schutzes gegen die Britten, besetzen, und eroberte viel englisches Eigenthum; dagegen nahmen

men die Engländer den Hafen Porto Ferrajo, und die ganze Insel Elba an der Toskanischen Küste ein, streiften bis Livorno, blokirten Genua und hemten den Handel fast gänzlich. Nach diesen Ereignissen wendete sich Buonaparte wieder gegen Mantua und die kaiserl. Armee. Er war durch Truppen aus Savoyen verstärkt worden, und hatte 24000 junge Leute aus dem Mayländischen, Bolognesischen und Mantuanischen mit Gewalt unter seine Armee gesteckt, — so daß er im Stande war, wieder mit Nachdruck zu agiren. Während des Zugs ins Päbstliche und Toskanische hatte er die Venetianischen Grenzen gegen Tyrol besetzigen, und die festen Plätze, wie z. E. Verona, troß der Venetianischen Protestationen besetzen lassen, um eine Vormauer gegen Mantua, und sichern Punkt im Falle einer Niederlage zu haben. Ueberdem mußte der Genie General Chasseloup, welcher die Blokade von Mantua leitete, Legnano an der Etsch und Peschiera am Mincio und Gardesee befestigen, und Pizzigettone an der Adda wieder zu einer förmlichen Vestung herstellen, um allemal einen sichern Retirade Punkt, im Nothfalle zu haben. — Bei den Armeen ereignete sich um diese Zeit blos am 28. Juni ein Gefecht von Bedeutung. An diesem Tage griff der Feind die östreichischen Posten bei Aquanegra, Cerviola und Artiglione an, drückte sie Anfangs zurück, wurde aber durch die Bravour des F. M. L. Sebottendorf zuletzt gänzlich mit Verlust von 800 Mann zurückgeschlagen, wobei die Armee des Generals Melas 300 Mann einbüßte. — Mantua ward indessen belagert, und Buonaparte versuchte alles, um diesen wichtigen Platz eher, als die Kaiserlichen zum Entsatze anrücken könnten, in seine Hände zu bekommen, welche Versuche aber den Franzosen viele Leute kosteten. Schon am 7. Juli ließ der brave Gouverneur der Vestung F. M. L. Canto d'Yrles *) unter General Vukassovich einen Ausfall unternehmen, worinn der Feind an Todten, Verwundeten und Gefangenen über 2000 Mann, 17 Kanonen, 120 Wägen mit Munition ꝛc. einbüßte. Am 16. Juli unternahm Vukassovich einen zweiten Ausfall, wobei das Gefecht wieder einige Stunden dauerte. Am 17. Juli entwarf Buonaparte den Versuch einer Ueberrumpelung, um mit 800 Freiwilligen auf Schiffen sich eines Thors zu bemächtigen; aber es lief fruchtlos ab. Er sah nun wohl ein, daß er eine regelmäßige Belagerung anfangen müße, und ließ am 18. das außerhalb der Stadt stehende Lager der Deutschen angreifen, gewann aber dadurch blos, daß der Genie General Chasseloup die Laufgräben eröffnen konnte. Hierauf wurde die Stadt von 3 Batterien bei St. Giorgio, dem Thor Pradella und der Fa-

voritte

---

*) Der Graf Canto stammt von einer spanischen Familie ab, war während des Türkenkriegs Kommandant von Choczim, und ist, beinahe 70 Jahr alt, zu Warasdin im Jahr 1797 gestorben.

voritte mit glühenden Kugeln aufs heftigste beschossen, und verschiedentlich gezündet. Am 19. that Vukassovich wieder einen Ausfall von zwei Seiten, welcher beiden Theilen viel Blut kostete. Am 21. litten die Belagerer wieder eine starke Einbuse: dessen ohnerachtet kam am 26. Juli die 2te Paralelle zu Stande, die Vestung wurde zur Uebergabe aufgefodert, und da diese nicht erfolgte, aufs heftigste beschossen. Mittlerweile waren die Verstärkungen vom Rhein, und den Erblanden, so wie F. M. Graf Wurmser bei der kaiserl. Armee angekommen, und dieser graue Kriegsheld fieng nun unverweilt die Operationen zum Entsatze von Mantua an. Buonaparte hatte, um die Belagerung zu decken, seine Hauptmacht in die Position am Iseo und Garderseé und an die verschanzten Ufer der Etsch geworfen. Gegen diese Stellung rückte Wurmser am 28. Juli in 4 Kolonnen an. Im Mittelpunkte erstürmte Melas die Höhen des Montebaldo, eroberte 4 Kanonen und machte 500 Gefangene, und General Sebottendorf eroberte die Verschanzungen von Brentino, wo 9 Kanonen und 900 Gefangene in seine Hände fielen. Der linke östreichische Flügel, von den Generals Davidovich*) Mitrovsky ec. geführt, setzte zur Hälfte auf das rechte Ufer der Etsch über,

und

―――――

*) Der Sohn eines reichen griechischen Kaufmanns aus Ofen. Ein eben so tapferer als beliebter General.

und nahm in Verbindung mit Sebottendorf die Verschanzungen von Rivoli und den Paß La Chiusa an der Etsch. Während nun der Mittelpunkt und linke Flügel siegreich am linken Ufer des Mincio gegen Mantua heranrückten, bahnte sich am rechten Ufer des Flußes F. M. L. Quosdanovich *) und Meszaros mit dem rechten Flügel ebenfalls einen Weg. Die Division des General Sauret wurde in Salo überrumpelt und verjagt, und Brescia mit allen fränkischen Magazinen und Spitälern erobert. Buonaparte sammelte seine Macht bei Roverbello zwischen Verona und Mantua. Hier gedachte er die Oestreicher zu erwarten, und die Belagerung der Vestung durch eine Schlacht zu behaupten, als er erfuhr, daß Quosdanovich Brescia genommen habe, und ihm in Rücken stehe. Jetzt sah er sich genöthigt, um nicht eingeschlossen zu werden, die Belagerung von Mantua eiligst aufzuheben. In der Nacht vom 31. Juli auf den 1. August wurde die Stadt noch aufs fürchterlichste beschossen, und mit Anbruch des Tages am 1. Aug. waren die Feinde schon verschwunden. Der Kommandant bemerkte es sogleich und machte einen Ausfall. Der Feind hatte 100 Kanonen, 12 Bombenkessel, 90000 Kugeln, 1 Kriegskasse, 4 Schiffe, Munition ꝛc.

zu:

---

*) Aus Kroatien gebürtig, dessen die vorigen Theile dieser Kriegsgeschichte bereits rühmlichst gedacht haben.

zurückgelassen, und 600 Gefangene wurden ihm abgenommen. Wurmser zog am 2. Aug. als Sieger in Mantua ein. Man rechnete den ganzen feindlichen Verlust bei dem Entsatze der Vestung auf 5000 Mann. Jedermann glaubte, daß Wurmser, nach diesem glänzendem Siege, alle frühern Triumphe der Franzosen vereiteln würde. Aber Buonaparte wickelte sich mit außerordentlicher Geistesgegenwart aus seiner mißlichen Lage und nützte eben so schlau als kühn den Plan der Oestreicher zu ihrem eignen Schaden. Wurmser hatte seine Macht getheilt, um den Feind zwischen 2 Feuer zu bringen. Buonaparte wählte wieder seinen Lieblingsplan, über ein Korps nach dem andern mit ganzer Stärke herzufallen. Er wendete sich am 1. Aug. gegen Brescia wider das Korps des F. M. L. Quosdanovich, attakirte solches am 3ten bei Solo, Lonato und Montechiari und gewann durch Uebermacht einen vollständigen Sieg. 1000 Oestreicher wurden getödtet und verwundet, etliche 20 Kanonen erobert, und 3000 gefangen. Der feindliche Verlust war um die Hälfte geringer. Quosdanovich mußte Brescia räumen, und der größte Theil der eroberten französischen Magazine wurde ihnen wieder zu Theil. Buonaparte wendete sich nun gegen den F. M. Wurmser, welcher mit 25000 Mann seine Stellung auf den Höhen hinter Castiglione genommen hatte, griff solchen am 5. Aug. ebenfalls mit seiner ganzen Macht an, und brachte ihn nach einem schrecklichen

Treffen auch zum weichen. Gegen 2000 Mann
blieben auf dem Platz, oder waren verwundet,
und 5000 wurden gefangen. Die Franzosen
büßten in allem nur 4000 Mann ein, worunter
ein paar tausend Gefangene. Durch diese Uns
fälle war die Vereinigung Wurmsers und Quos
danovichs vereitelt, Mantua wieder belagert,
und der kaiserl. Obergeneral genöthigt, hinter
die Etsch zurück zu gehen. Die Arrierregarde
hatte auf dieser Retirade noch verschiedene nach
theilige Gefechte auszuhalten. Am 9. August
kam das Hauptquartier nach Alla, wo Wurm
ser die Truppen wieder sammelte, und die sich
hinter dem Gardasee zurückziehende Kolonne des
Generals Quosdanovich erwartete, welche durch
Valtrompio und Valsobbia nach Tyrol retirirte.
Mittlerweile nahm am 11. Aug. General Mas
sena die Posten Montebaldo und Coronna,
und General Sauret Lodrona ein, so wie auf
der andern Seite der Etsch General Angerau
gegen Roveredo andrang. Diese Umstände
nöthigten den F. M. Wurmser sich über Rove
redo bis nach Trient zurück zu ziehen. Hier
vereinigte sich Quosdanovich mit der Hauptar
mee, welche wieder aus dem Innern von Tyrol
und anderwärts Verstärkungen an sich zog. Ob
gleich die französischen Vorposten am 20. Aug.
schon gegen Trient standen, so wagten sie sich
doch nicht weiter, theils der guten Vertheidi
gungsanstalten in Tyrol wegen, theils weil Krank
heiten einrissen und im Mayländischen neuer

dings

dings Unruhen ausgebrochen waren, zu deren Stillung Buonaparte abgieng. In den letzten Tagen des August, da der feindliche Oberbefehlshaber von dem veränderten Kriegsglücke in Deutschland, wodurch der große Plan, die italienische Armee mit jenen des Moreau und Jourdan zu vereinigen, vereitelt war, Nachricht bekommen hatte, zogen sich die Franzosen sogar aus Tyrol wieder etwas zurück. Wurmser rückte nun abermals zum Entsatze von Mantua gegen die Etsch vor. Buonaparte hatte indessen die Absicht des Feldmarschalls bald gemerkt, hatte in Eile seine Armee gesammelt, und fiel zuerst am 2. — 5. Sept. über das den linken Flügel der österreichischen Armee bildende Korps des F. M. L. Davidovich bei Roveredo her, schlug es in verschiedenen Gefechten, fügte ihm einen Verlust von 4000 Mann an Todten, Verwundeten und Gefangenen zu, eroberte mehrere Kanonen, etliche Fahnen, und ließ Roveredo und Trident durch den General Massena besetzen. Nach dieser Eroberung durcheilte er mit außerordentlicher Geschwindigkeit und Kühnheit die engen Pässe des Brenta Flusses *) fiel am 7ten Sept. über das Arrierekorps her, verjagte es mit Verlust von 2000 Mann und eroberte die Posten von Primonalo und Corolo. Massena

ver-

---

*) In dem Fort Cavelo überrumpelte er 4000 Mann, welche sich nebst 10 Kanonen, 8 Fahnen ꝛc. nach französischen Berichten als Gefangene ergaben.

verfolgte die Fliehenden; mit dem übrigen Theil der Armee wendete sich Buonaparte gegen den rechten kaiserl. Flügel unter F. M. L. Quosdanovich bei Bassano. Von der einen Seite durch General Angerau und von der andern durch Massena angegriffen, mußte auch dieser Flügel weichen. Der Feind eroberte die Brücke über die Brenta, besetzte Bassano und zerstreute einen Theil des Korps *). Wurmser ließ sich aber durch alles dieses in seinem Vorhaben, nach Mantua durchzubrechen, nicht abhalten. Er drang mit einem Korps von etwa 8000 Mann bis Legnano vor, bemächtigte sich am 9. Sept. dieses Postens, schlug eine französische Kolonne und paßirte hier am 10. die Etsch. Am 11ten gieng er über Sanguinetto und Castellaro **) weiter gegen Mantua, wurde zwar am 11ten durch General Buonaparte selbst bei Cerea attakirt, schlug sich aber durch die Tapferkeit der Generale Meszaros, Otto, Sebottendorf, Heister, und Kleenau glücklich durch, jagte den Feind nach Verona zurück, machte 900 Gefangene,
und

---

*) Buonaparte behauptete in den Gefechten vom 2. — 11. Sept. 16000 Gefangene gemacht, 70 Kanonen und 21 Fahnen erobert zu haben. Eine Angabe, die augenscheinlich übertrieben ist.

**) Hier wurden 300 Franzosen zu Gefangenen gemacht, General Charton blieb und General Digoulat ward gefangen. — Dagegen bekam Massena am 10. zu Porto Legnano 1600 Oestreicher gefangen.

und kömmt am 13. Sept. glücklich bei Mantua an, wo er sich mit der Besatzung vereiniget. Am nemlichen Tage griff der die Belagerungsarmee kommandirende General Saguhuet den Feldmarschall in Hoffnung die Vereinigung zu verhindern, bei Due Castelle an, wurde aber geschlagen, 10 Kanonen erbeutet, 1500 Gefangene gemacht, und viele getödtet. Am folgenden Tage aber attakirten die Feinde Wurmsern bei der Vorstadt St. Giorgio abermals, und hier gieng es nicht so glücklich. Die Oestreicher verloren 1000 Gefangene, 600 an Todten und Verwundeten, einige Kanonen, und der Feind wurde Meister des Kastels von St. Giorgio, der Brückenschanze und der Favorite. Der franz. Verlust an Todten und Verwundeten war jedoch stärker, als der deutsche, wie denn blos nur von Generals Viktor, Bertin, St. Hilaire, Meyer und Murat verwundet wurden.

Nach den letztern Niederlagen der Generale Davidovich und Quosbanovich hatte sich ersterer bis Neumark und Botzen, und letzterer gegen Görz zurückziehen müßen, und Wurmser war so in Mantua von aller Kommunikation mit den verschiedenen Armeekorps getrennt. Ohne Oberhaupt veranlaßte dieses einen Stillstand in den Operationen, während dem aber Wurmser öftere glückliche Ausfälle aus Mantua that, lange Zeit die Gegend 6 Stunden um die Vestung inne hatte, und dem Feinde Abbruch that. Die letzte Hälfte des Monats Sept. und den Oktober wendeten beten beide Theile dazu an, sich zu verstärken. Endlich da die kaiserlichen Truppen wieder etliche 40000 Mann stark waren, setzte der zum kommandirenden General ernannte tapfere F. Z. M. Alvinzy die Armeekorps zum Entsatze von Mantua in Bewegung. Die Kolonnen der Generals Quosdanovich und Provera, wobei sich Alvinzy selbst befand, rückten aus dem Friaul vor, und Davidovich setzte sich, von Tyrol aus in Bewegung. Der Plan des F. Z. M. Alvinzy war: mit den 2 Korps der Generals Quosdanovich und Provera gegen Bassano vorzurücken, hier über die Brenta zu setzen, und sich bei Verona dem linken Etschufer zu nähern, während Davidovich in Tyrol den Feind aus Trient und Roveredo vertrieben, die wichtige Position bei Rivoli überwältigen, und sich dann an der Etsch mit dem Hauptkorps vereinigen sollte, worauf man sich mit gesammter Macht gegen Mantua wenden und dort mit dem F. M. Wurmser vereinigen wollte, der dadurch eine Armee von 60000 Mann zusammen gebracht hätte. — Alvinzy brach zu Ende Oktober aus dem Friaul auf, gieng über den Tagliamento und über die Piave und rückte an die Brenta. Buonaparte auf die Nachricht davon, verließ mit den Divisionen der Generals Angerau und Massena Verona, und gieng den Kaiserlichen über Vicenza entgegen. Am 6. Nov. kam es bei Bassano und Fonteniva zu einer hitzigen Schlacht, welche von Morgens bis in die Nacht dauerte. Quosdanovich

novich nahm das Dorf Fenove mehrmalen ein, und verlor es wieder, und nicht minder hartnäckig war das Gefecht bei Fonteniva. Endlich behaupteten die Kaiserlichen das Schlachtfeld. Quosdanovich besetzte Bassano. Die Franzosen verloren 3000 und die Oestreicher 2000 Mann. Am folgenden Tage wollte Alvinzy, auf die Nachricht, daß auch Davidovich bei Trident glücklich gewesen, den Angriff erneuern, aber Buonaparte hatte sich zurückgezogen. Letzterer hatte nemlich seinem Lieblingsplane nach, erst den Alvinzy schlagen und dann über das Korps des Gen. Davidovich herfallen wollen. Da aber ersteres nicht glückte und er Nachricht erhielt, daß es auch gegen den General Davidovich nicht nach Wunsche gegangen, so beschloß er mit seiner Armee eine Position an der Etsch zu nehmen, wodurch seine Macht mehr konzentrirt wurde. Daher war er in der Nacht vom 6. — 7. Nov. nach der Schlacht bei Bassano von Vicenza aufgebrochen, und kam am 8. bei Verona an. In Tyrol hatte er dem General Vaubois, welcher die Posten von Rivoli bis über Trient besetzt hielt, den Befehl ertheilt gehabt, die Oesterreicher aus den Stellungen zwischen der Nevis und Brenta zu vertreiben, um die Vereinigung zwischen Davidovich und Alvinzy zu verhindern. Wirklich hatte General Guieux am 2. Nov. St. Michel, welches am 9. Sept. von den Deutschen wieder eingenommen worden war, emportirt, und von einer andern

Kolon-

Kolonne war Srgonzano erobert worden. Aber die braven Tyroler unter Vukassovich u. Laudon, samt den Truppen, vertrieben den Feind wieder sowohl daraus, als auch aus Trident mit ansehnlichen Verluste. Nach diesen Vortheilen brach Davidovich von Neumark mit dem ganzen Armeekorps auf, griff den General Vaubois auf mehreren Punkten an, und drohte ihn zu umgehen; wodurch dieser genöthigt war, sich in die Bergschlösser Besseno und La Pietra in der Gebirgenge von Cagliano auf dem Wege von Trident nach Roveredo zu werfen. Davidovich folgte und ließ die Schlösser am 6. Nov. mit der größten Wuth bestürmen, — die Franzosen schlugen aber alle Angriffe ab. Am 7. Nov. wurde die Attake mit noch größerer Anstrengung wiederhohlt, Pietra wechselseitig genommen und wieder verlohren, bis durch die Tapferkeit der Generale Fürst Reuß, Spork, Ocskay und Vukassovich endlich die Kaiserlichen die Oberhand behielten, und der Feind mit Verlust 2000 Todter und Verwundeter, 1500 Gefangener, und 10 Kanonen die Flucht ergriff, die Etsch paßirte und sich in die Verschanzungen vor Rivoli und Coronna warf; der einzigen Stellung, welche Davidovich noch zu bezwingen hatte, um die Franzosen zur Aufhebung der Blokade von Mantua zu zwingen. — Davidovich besetzte am 8. Sept. Roveredo und zog von da über Ala nach Chiusa.

Nach

Nach der Schlacht bei Baſſano beſetzte Alvinzy am 8. Nov. das von Buonaparte verlaſſene Vincenza, gieng darauf bis Montebello und am 11. Nov. bis Villanova zwiſchen Verona und Legnano, wo er ſich mit Davidovich, wenn dieſer über Rivoli vorgedrungen ſeyn würde, vereinigen und auf Mantua marſchiren wollte. Buonaparte ſah das Gefährliche ſeiner Lage ein, und beſchloß durch eine 2te Hauptſchlacht ſich los zu wickeln. Er attakirte am 12. Nov. die ganze öſterreichiſche Linie mit größten Ungeſtüm, und erfochte auch Anfangs bei Caldero wichtige Vortheile; aber durch die Tapferkeit der Generale Schubirz und Provera wurden die Franzoſen mit Verluſt von mehr als 1500 Mann wieder aus dem Dorfe und von den eroberten Höhen vertrieben. Die Kaiſerlichen behaupteten ihre Stellung und bekamen noch den General Delauney nebſt 500 Mann gefangen. Buonaparte, welcher nun in 2 Schlachten die Erfahrung gemacht hatte, daß er die deutſche Armee von vorne nicht überwältigen könne, deſſen Lage aber immer gefährlicher wurde, da ſich Alvinzy mehr und mehr gegen Verona hinzog, um, wie ſchon geſagt worden, die Vereinigung aller 3 Armeekorps zu bewirken, beſchloß eher das äuſſerſte anzuwenden, als auf dieſe Weiſe die Befreiung von Mantua zuzulaſſen, und alle ſeiner frühern Siege vereitelt zu ſehen. Er gebrauchte ein eben ſo ſchlaues als kühnes Manövre. Er räumte am 14. Nov. Verona, gieng

seitwärts bei Ronco über die Etsch, und griff
die Kaiserlichen, welche eine feste Stellung bei
dem Dorfe Arcole hatten, am 15. Nov. an.
Mit 2 Kolonnen stürmte er von vorne. Die
Hartnäckigkeit des Gefechts war über allen Ausdruck. Die Deutschen schlugen alle Angriffe zurück. Die französischen Generale stürzen endlich
an der Spitze der Truppen mehrmalen, aber vergeblich vor. Verdier, Bon, Verne, Lasne,
Vignolle wurden verwundet, Vandelin und Mui-
ron getödtet, und Buonaparte selbst kömmt fast
in einem Sumpfe um. Schon war der Sieg
auf kaiserl. Seite, als General Guieux, welchen Buonaparte in einer Entfernung von 2
Meilen das Dorf Arcole mit 2000 Mann hatte
umgehen lassen, die Deutschen im Rücken angriff, wodurch diese in Verwirrung geriethen,
und der Feind das Dorf eroberte. Von beiden
Seiten blieben mehr als 4000 Mann; 4 Kanonen und 800 Gefangene fielen in französische
Hände. Am 16. Nov. griff Alvinzy den Feind
mit neuem Muthe an, und die Bataille dauerte
den ganzen Tag mit abwechseldem Glücke fort,
— bald wurde dieser, bald jener Theil zurück-
gedrängt. Erst am 3ten Tage der Schlacht am
17ten entschied sich der Sieg vollkommen für
die Franzosen. Durch Kriegslist geriethen die
Oesterreicher in Verwirrung, der Feind kam ihnen in Rücken, behauptete endlich Arcole vollkommen und verfolgte sie bis Bonifacio. Der
Verlust auf beiden Seiten in dieser 3 tägigen
blu-

blutigen Schlacht war sehr ansehnlich, und was
Todte und Verwundete betrift wohl gleich; aber
an Gefangenen machte Buonaparte 4000 und
eroberte 12 Kanonen. Die Folgen hievon waren wichtig. Alvinzy war genöthigt durch Vicenza zu retiriren, und zog sich an die Brenta
zurück. Hätte sich der kaiserl. Feldherr nur noch
einen Tag halten können, so wäre die ganze Lage
der Sachen geändert gewesen, denn Davidovich hatte am 17. Nov. den General Vaubois
in seiner Position bei Rivoli angegriffen und
nach einem 7 stündigen Gefechte gänzlich geschlagen, 12 Kanonen erobert und 1000 Gefangene
gemacht, worunter die Generals Fiorella und
Valette. Er war im Begriff, nachdem er bis
Peschiera und Campara vorgerückt, den Mincio
zu paßiren und sich mit dem Feldzeugmeister zu
vereinigen, als er Nachricht von dessen Rückzuge erhielt. Jetzt waren seine so rühmlich errungenen Vortheile unnütze, und er mußte, um
nicht eingeschlossen zu werden, eiligst den Rückzug nach den Tyroler Pässen nehmen, verlor
aber bei Campara doch durch die ihn von allen
Seiten verfolgenden feindlichen Kolonnen, etliche
Kanonen und 1000 Mann. Davidovich setzte
sich hierauf bei Ala, Pert und Montebaldo,
und General Laudon bei Arco. — Durch die
bisher erwähnten Vorfälle war die Befreiung
von Mantua abermals vereitelt. Wurmser, seit
der Mitte Sept. in dieser Vestung eingeschlossen,
unternahm indessen öftere heftige Ausfälle, welche

che dem Feinde vielen Abbruch thaten, vertheidigte die Vestung mit bewunderungswürdigen Muth und Tapferkeit, und drang öfters mehrere Stunden weit ausser der Stadt vor. Unter die vorzüglichsten dieser Ausfälle gehören die vom 7. 22. 28. Nov.

Die bisherigen beispiellosen Anstrengungen, anhaltenden Gefechte und Schlachten, welche den italienischen Feldzug überhaupt auszeichnen, veranlaßten nun zu Ende des 1796. Jahrs einige gezwungene Ruhe, in welcher jeder Theil sich von der großen Einbuße zu erhohlen suchte. Beiderseitige Armeen behaupteten größtentheils bis in Jenner 1797 die vorher angezeigten Stellungen: die Oestreicher bei Padua, Passano und Ala, die Franzosen zu Verona und längst der Etsch hin. Noch war Mantua unbezwungen und machte das Schicksal Italiens unentschieden. Man both in den kaiserl. Erblanden alles auf, den F. Z. M. Alvinzy zu verstärken, um abermals die Befreiung dieses wichtigen Platzes, der schon anfieng Mangel zu leiden, zu versuchen. Eine Unternehmung, worauf die Aufmerksamkeit von ganz Europa gerichtet war, die aber in das 1797. Jahr fällt, und wovon also die Geschichtserzählung in den folgenden Theil dieses Werkes gehört.

Großbritannien, dessen Seemacht bereits in den vorigen Jahren zu einer bewunderungswürdigen Höhe gestiegen war, vergrößerte solche immer mehr noch, so daß man 1796 die Anzahl der Kriegsschiffe (ohne den Zuwachs durch

die

die neuerlich eroberten feindlichen) zu 607 *) berechnete. Mit so furchtbaren Flotten behaupteten die Engländer die Oberhand auf den Meeren, und wurden auf eine höchst seltene Art vom Glücke begünstigt. Zu Anfang 1796 waren von Cork in Irrland auf 200 Transportschiffen 10000 Mann Landtruppen unter dem Oberbefehl des General Ralph Abercrombie und unter Bedeckung einiger Kriegsschiffe nach Westindien gesegelt, wo Verstärkung wider die zahlreicheren Franzosen nöthig war. **) Ein Sturm verursachte zwar an mehreren Schiffen Schaden, zerschmetterte eines, beschädigte verschiedene und zerstreute die Flotte, so daß diese in die Häfen zurückkehren mußte; alleine dessen ohnerachtet lief sie am 15. Febr. wieder aus und kam im April zu Barbados größtentheils glücklich, so wie andere 2000 Mann von Gibraltar an. Der General en Chef in Westindien Abercrombie ließ nun den Hauptsitz der französischen Macht Guadeloupe durch Kriegsschiffe blokiren, und detachirte den General White gegen die holländischen

Kolon-

―――――

*) Man vergleiche diese Zahl mit jener S. 122 des vorigen Theils.

**) Die englische Landmacht bestand 1796 aus 154 Regimentern, worunter 45 Regimenter Kavallerie zu 16500 Mann, in allem aus 104,500 Mann; außer 17000 Mann Subsidien Truppen, den Volontairs und der Miliz, welche bei der zu Ende des Jahres gedrohten französischen Landung zu einer großen Macht gebracht wurde.

Kolonnen Berbice, Demerary und Esse-
quebo, welche sammt dem Fort Friedrich Will-
helm sich ohne Widerstand am 22. April und 2.
May mittelst Kapitulation ergaben. Die Engländer fanden auf Demerary unermeßlichen Vor-
rath an westindischen Waaren, ferner eroberten
sie eine holländische Fregatte von 24, einen Kut-
ter von 12 Kanonen, 1 französischen Kaper, und
70 Kauffartheischiffe. Während dieser Expeditionen waren die Generals Campbell und Mor-
schead zu einem Angriffe auf St. Lucie beordert worden, welcher aber ungleich blutiger und
schwerer wurde. Erst nach 4 Wochen, und
nachdem der Hauptposten der Insel Morne For-
tune belagert und beschossen worden war, ergaben sich die Franzosen am 25. May mittelst Kapitulation. Die 2000 Mann starke Besatzung
wurde Kriegsgefangen und alle Posten mußten
den Engländern übergeben werden. Die Eroberung kostete den Britten 600 Mann. Erobert
wurden über 100 Kanonen und Mörser. Bisher waren die Inseln St. Vincent und Gre-
nada durch feindliche Expeditionen immer beun-
ruhigt worden, durch die Eroberung von St.
Lucie hörte dieses aber auf. Die auf genannten
Inseln befindlichen französischen Detachements
wurden aufgehoben, und der Besitz gesichert.

In Ostindien verfolgte das Unglück die Holländer fortwährend, wie überhaupt von dem Zeitpunkte an, da Holland die französische Partei ergriffen hatte. Zu Anfang Februar griff der englische

lische General Stuart einen holländischen Posten am südlichen Ufer des Matual Flußes unweit Colombo (auf Ceylon) an, tödtete 170 Mann und jagte den Rest der Holländer nach Colombo. Stuart rückte vor letzteren Platz und forderte selben am 14. Febr. auf, und schon am 15. übergab der Gouverneur der holländischen Besitzungen auf Ceylon Joh. Ger. von Angelbeck die wichtige Stadt Colombo, das nahe Gale und Fort Caliture mit allen dazu gehörigen Ländern, Magazinen, Eigenthum, Waarenlager, 2 Schiffen, kurz allem, was der holländischen Kompagnie gehört hatte. Die Besatzung, worunter 1 Bataillon Würtemberger, welche Kriegsgefangen wurde, betrug 4000 Mann. Die Beute war ausserordentlich beträchtlich; das Gewürz allein wurde auf 2 eine halbe Mill. Thaler gerechnet. — Nun war den Holländern nur noch Batavia übrig.

Die Eroberung der ostindischen Besitzungen war für England zu wichtig und für Holland zu nachtheilig, als daß letzteres die Wiedereroberung nicht hätte versuchen sollen. Der batavische Nationalkonvent beorderte im Febr. 1796 die Admirals **Lucas** und **Braak**, diesen mit 2 Linienschiffen und 3 Fregatten nach Westindien *) und jenen mit 3 Linienschiffen und 5 Fregatten nach

---

*) Zu schwach etwas unternehmen zu können, legte er sich bei Suriname vor Anker und starb auch dort.

nach dem Vorgebürge der guten Hoffnung. Lucas wendete sich Anfangs nach den Canarischen Inseln, und lief am 6 Aug. in die Sabannah Bay, 60 englische Meilen von der Capstadt, ein. Als die Engländer Nachricht davon erhielten, brach General Craig mit 1500 Mann und 11 Kanonen zu Lande nach der Sabannah Bay auf, und Admiral Elphinstone segelte mit 7 Linienschiffen zu Wasser dahin. Gen. Craig kam am 16. Aug. eben an dem bestimten Punkte an, als Admiral Elphinstone mit vollen Segeln heranzog. Lucas glaubte gegen diese Macht zu schwach zu seyn, und ergab sich mit seiner ganzen Flotte, welche 342 Kanonen und 2000 M. führte, am 17. August, ohne einen Schuß zu thun mittelst Kapitulation. Dieses höchst seltene Beispiel versetzte der holländischen Marine einen großen Stoß. Es waren dieses aber nicht die einzigen Unfälle: in verschiedenen Gefechten giengen einzeln mehrere Fregatten und Kriegsfahrzeuge und später eine nach Norwegen bestimmte Eskadre von 1 Fregatte und 3 Bricks auf einmal verloren. Zu Ende des Jahrs fiel noch die Surinamsche Kauffartheyflotte von 62 Segeln, 17 Mill. fl. an Werth den Engländern bei Martinique in die Hände, und dadurch bekam die batavische Handlung, welche ohnehin ganz darnieder lag, vollends einen tödtlichen Stoß.

Wider die Franzosen waren die Britten nicht minder glücklich. Sie nahmen ihnen, ohne Hauptschlacht, eine große Menge ihrer häufigen

Capers

Capers *), und etliche 20 Fregatten ohne kleinere Fahrzeuge, hielten ihre Häfen fast immer blokirt, und hinderten dadurch jede wichtige Unternehmung. **). — Auf St. Domingo hatten sie ebenfalls die Oberhand und schlugen die Republikaner bei St. Mark und Mirebalais. Doch litten auch die Engländer einen Schaden von mehr als 1 eine viertel Mill. an der Colonie zu Neufundland, welche der französische Admiral Richery größtentheils zerstörte, und eine Menge Fischerbarken verbrannte. Die Gefangennehmung des berühmten Comodore Sidney Schmid, welcher vormals bei dem Abzuge aus Toulon die französische Flotte in Brand steckte, am 18ten April aber bei Havre in feindliche Hände fiel, betrachtete man in London ebenfalls als einen empfindlichen Verlust.

Frankreich, welches fühlte, daß seine Seemacht allein der englischen nicht gewachsen seye,

ver-

---

*) Da der französische Handel darnieder liegt, hingegen an englischen Schiffen reiche Prisen zu machen sind, so rüstet man in Frankreich eine erstaunliche Menge Capers aus, daher auch die auffallende Ungleichheit in dem Verluste der englischen und französischen Kauffartheyschiffen, denn nach einer Berechnung haben die Britten den Franken vom Anfange des Kriegs nur 376, diese aber den Engländern 2266 Schiffe genommen.

**) Ein einziges englisches Kriegsschiff Glatton schlug sich bei Vliesingen mit 8 französischen, und jagte sie in den Hafen.

verband sich näher mit Spanien, und dieses Reich, welches kurz vorher den lebhaftesten Antheil an dem Kriege wider Frankreich genommen hatte, schloß am 19. August eine förmliche Off und Defensiv Allianz *) mit der neuen Republik, in welcher die wechselseitige Hülfsleistung mit 15 Linienschiffen, 18000 Mann Infanterie und 6000 Mann Kavallerie festgesetzt wurde, und wodurch Portugall, welches immer noch an der englischen Allianz fest hielt, in eine bedenklichen Lage kam, und sich aus allen Kräften gegen Spanien und Frankreich rüstete. Die Vereinigung der französischen, spanischen, und holländischen Seemacht hoffte man würde der englischen das Gleichgewicht **) halten können. Eine Folge

vor-

---

*) Einen andern Vertrag schloß Frankreich mit Holland, worinn letzteres an den noch schuldigen 50 Mill. Gulden von den im Frieden versprochenen 100 Mill., jährlich zu Friedenszeiten 6, in Kriegszeiten aber 3 Mill. zu zahlen versprach.

**) Vergleichung der englischen, französischen, spanischen und holländischen Seemacht. England hat 607 Kriegsschiffe, wovon 6 zu 100 — 110, — 19 zu 90 — 98, — 137 zu 64 — 74, 33 zu 50 — 60, — 99 zu 32 — 44, — 315 zu 8 bis 28 Kanonen. Frankreich 290 Schiffe, nemlich 6 zu 100 — 110, — 2 zu 90 — 98, — 87 zu 64 — 74, — 16 zu 50 — 60, — 48 zu 32 — 44, — 131 von 8 — 28. Spanien 145 Kriegsschiffe: 8 von 110 — 110, — 62 von 64 — 74, — 5 von 50 — 60, — 13 von 32 — 44, — 57 von 8 — 28. Holland 86 Kriegsschiffe:

vorgedachter Allianz war die Kriegserklärung Spaniens gegen England, welche am 5. Okt. erfolgte. Spanien sammelte eine Flotte von 17 Linienschiffen, ließ sie unter Admiral Langara von Cadix auslaufen, in Carthogena mit 7 Schiffen verstärken, und dann nach Toulon, um sich mit der französischen zu vereinigen, segeln. Ob nun zwar dieses im allgemeinen wenig Nachtheiliges für England hatte, da bei der stürmischen Jahrszeit die Spanier, ohne den Britten Verlust zuzufügen, bald wieder in ihre Häfen zurück kehrten, so hatte es doch auf das mittldndische Meer, zumal bei dem Unglücke der Kaiserlichen in Italien, seinen Einfluß, und die Engländer hielten für rathsam, nicht nur das unruhige Corsika, sondern auch die an Revange von Livorno besetzte toskanische Insel Elba zu räumen, mit der Flotte die dortigen Gewässer zu verlassen, und sich mehr mit ihrer Macht bei Gibraltar zu konzentriren, wo man einen Angriff der Spanier vermuthete. — England eroberte nun zwar in diesem Jahre keine Länder über Spanien, aber mehrere reiche Schiffe und 1 Fregatte, und Admiral Kingsmill nahm ein Silberschiff 1 Mill. Pf. Sterling an Werth.

Un

---

1. 9 von 64 — 74, — 19 von 50 — 60, — 27 von 32 — 44 und 31 von 8 — 28. — — England hat während des Kriegs verloren 37, Frankreich 180, Holland 33 Kriegsschiffe, Spanien erst eine Fregatte.

Um die leidigen Uebel eines verheerenden Kriegs von der Menschheit zu entfernen, thaten des Königs von Großbritannien Maj. im Okt. dem französischen Direktorium abermals Friedensvorschläge, welches die Sendung des Lord Malmesbury nach Paris zur Folge hatte. Die Unterhandlungen dauerten bis in Dezember, wo das Direktorium auf einmal dem englischen Friedensgesandten durch den Minister Lacroix den Befehl zugehen ließ, das französische Gebiet zu verlassen, indem seine Vorschläge (welche doch das Gepräge der äußersten Mäßigung und Billigkeit hatten) wider die Ehre und Konstitution der Republik liefen. Malmesbury kehrte daher am 21. Dez. nach England zurück. Dem Direktorio war es mit den Friedensunterhandlungen nie Ernst gewesen, und es hatte den Gesandten nur geflissentlich mit Hoffnungen hingehalten, um während dem die projektirte, und durch den Seeminister Truget geleitete Unternehmung einer Landung in Irrland zur Vollkommenheit zu bringen. Nachdem nun alle Vorbereitungen dazu getroffen waren, gab man dem Lord Malmesbury den oben erwähnten Befehl. Lange schon hatte man jenes Projekt, um dadurch den Krieg in die Staaten des Königs von England zu spielen, zur Wirklichkeit zu bringen gesucht. Man hatte zu dem Ende eine Flotte in Brest ausgerüstet, welche aus 18 Linienschiffen, 13 Fregatten, und 5 Corvetten bestand, und von den Admiral Morard de Galles und den Contre-

admi-

Admirals Bouvet und Nielly kommandirt wurde. Auf dieser Flotte befanden sich 20000 Mann Landungstruppen unter Gen. Hoche, — welcher den Krieg wider die Königlich Gesinnten und in der Vendee glücklich beendigt hatte, und dessen Armee nun freie Hände hatte. Man rechnete dabei auf eine starke Partei in Irrland. Diese Flotte lief am 15. Dez. von Brest aus, hatte aber gleich das Unglück, daß das Linienschiff Seduisant von 74 Kanonen mit der leichten Artillerie und vielen Artilleristen zu Grunde gieng, und am zweiten Tag der Abfahrt wurde die Fregatte Fraternite, auf welcher sich Morard und Hoche befanden, von der übrigen Flotte getrennt. Ein darauf erfolgter Sturm zerstreute die ganze Flotte und nur die Abtheilung des Contreadmirals Bouvet blieb beisammen. Am 21. Dez. vereinigten sich zwar die meisten Schiffe wieder, aber ein neuer Windstoß trennte sie abermals, und nur etwa 10 Schiffe mit 6000 Mann Landungstruppen ankerten in der Bucht von Bantry auf Irrland. General Grouchy, der die Truppen kommandirte, forderte den Admiral Bouvet am 24. Dez. auf, mit dieser Mannschaft die Landung zu vollziehen, aber Bouvet fand es bei der stürmischen See für rathsamer mit seiner Eskadre nach Brest zurück zu kehren; und so scheiterte diese berüchtigte, der stürmischen Jahrszeit, Wind und Wellen zu Troz unternommene Expedition, welche ohnehin, auch auf den Fall einer wirklichen Landung, übel für die

Fran-

Franzosen hätte ausfallen können, da in Irrland 90000 Mann nur allein Miliß aufgeboten, und Gen. Dalrimpel mit einer ansehnlichen Macht gegen den Feind im Anzuge war. Der Ueberrest der französischen Schiffe kam nun einzeln, übel zugerichtet, in die Häfen zurück. Admiral Colpoys, dessen Aufmerksamkeit die Flotte beim Auslaufen von Brest entgangen war, und der wider sie aus Portsmuth mit der großen Flotte gesegelte Admiral Bridport thaten dem Feinde vielen Abbruch, konnten aber doch, wie man gehofft hatte, die Flotte nicht ganz aufreiben. Der gesammte Verlust an Mannschaft belief sich über 12000; 2 Linienschiffen, 2 Fregatten und 3 Transportschiffe wurden genommen, 3 Linienschiffe, 3 Fregatten, 1 Transportschiff scheiterten, und 1 Linienschiff wurde in Grund geschossen. So endigte sich eine Unternehmung, worauf die Aufmerksamkeit von Europa gerichtet war. England konnte auf lange Zeit vor einem ähnlichen Versuche gesichert seyn, und die französische Marine war in die vorige Ohnmacht zurück geschleudert.

Bei dem außerordentlichen Aufwande, welchen der bisherige Seekrieg erforderte, und der im April 1797 schon zu 140 Mill. Pf. Sterling berechnet wurde, da der amerikanische Krieg nur 100 Mill. gekostet hatte, mußte natürlich die großbritannische Nationalschuld vermehrt werden. Man berechnete solche Anfangs 1797 zu 384 Mill. Pf. Sterling (4224 Mill. Gulden) und

und die jährlichen Interessen zu 15 Mill. Dessen ohnerachtet war die Lage dieser Königreiche blühender, als je; nie zirkulirte mehr baar Geld; der öffentliche Kredit war fest gegründet, und der königl. Minister Pitt wußte sich aus den kritischsten Epoquen, wie es nur großen Männern eigen ist, mit bewunderungswürdiger Geschicklichkeit zu seinem eignen Vortheile, heraus zu winden. Nach einem dem Parlemente vorgelegten Etat waren im Jahr 1796 die Importationswaaren auf den Zöllen um 4 Mill. höher gestiegen, als 1795, und die Exportationen mehr als 30 Mill.; eine viel größere Summe, als in Friedenszeiten jemals. — Wie verschieden ist dagegen die Lage Frankreichs, wo die Revolution alles unwiederbringlich verschlungen hat. Rubriken, welche jedem Beobachter das größte Erstaunen abzwingen müßen. Die Domainen der vormaligen Krone jährlich über 100 Mill. Livres, welche verkauft, oder sonst veräußert worden; die königl. Häuser zu Marly, Compiegne, Fontainebleau, St. Cloud, Meudon ꝛc.; alle Gärten, Parks, Meubles, Gold, Silber, Geschirr, Juwelen, Diamanten zusammen für wenigstens 400 Mill.; die Meubles, Häuser, Güter, Juwelen ꝛc. der Prinzen; das Eigenthum von 19 Erzbißthümern, 122 Bißthümern, von eben so vielen Stiftern, großen und kleinen Seminarien, 400 Kollegiatkirchen, einer Menge Kapellen, 1288 Abteyen, 12400 Prioraten, 14780 Klöstern, Kommanderien von Maltha,

von

von St. Ludwig, Lazare, und vom heiligen
Geist; von 44000 Pfarreyen, Kirchen, Pfarr-
häusern; von 6000 Kranken und alten Leute
Spitälern; von allen Kollegien, Schulen, Uni-
versitäten, von allen Studenten Fundationen
und Fakultäten; von 6 Kaufmannszünften, 144
Handwerksgemeinden; von den Pfandhäusern,
wo jenes von Paris allein 40 Mill. Fond hatte;
von allen Feuerassekurationen; von der Ost und
Westindischen Kompagnie; von der Caise d'Es-
kompte; ferner alle Waisen und andere deponirte
Gelder; 40 Milliards Assignaten und 2 Milliards 400 Millionen Mandaten, welche zuletzt
wieder so herabwürdigt wurden, daß die Inha-
ber nichts mehr dafür bekamen, und also die
Schulden quittirt waren; — und endlich ein
Paar Milliards baare Kontributionen aus
Deutschland, Italien, Holland, Brabant,
Spanien, — — — alles, alles dieses, größtentheils das Werk von Jahrhunderten, — hat
die berüchtigte Revolution verschlungen!

Anzeige des Inhalts.

Seite 1 — 88. Von der Neutralitätslinie, den Kriegsbegebenheiten bei der niederrheinischen und obrrrheinischen Kaif. und Reichsarmee; vom Rückzuge bis in Baiern und die Oberpfalz, und der darauf gefolgten Vertreibung des Feindes über den Rhein. Ingleichen von einigen Verträgen deutscher Fürsten mit Frankreich, und was sich bei Mainz, Mannheim, Ehrenbreitstein, Philippsburg, Kehl und Hüningen ereignet hat.

— 88 — 130. Vom Kriege in Italien, den Verträgen zwischen Frankreich, Sardinien, Parma, Modena, dem Pabst, Toskana und Neapel, den neuen Republiken, der Belagerung von Mantua.

— 130 — 142. Vom Seekriege Großbrittanniens mit Frankreich, Holland und Spanien, in Europa, West und Ostindien. Von Corsika, der Brester Expedition, und den Friedens Negociationen.

Einige Druckfehler, Zusätze und Verbesserungen.

Seite 7, Zeile 6, von unten, statt jenseits dem Rhein: jenseits des Rheins.
— 7, Note Zeile 1, von unten, statt 15 Aug.: 5 Aug.
— 8, Zeile 5, von unten, östreichischen, statt östreichischen.
— 27, — 3, statt 2 Mill. Livres, lese man: 4 Mill.
— 28, — 6, setze man zu: Oberforstmeister Graf Holnstein, Landrichter Bar. Zobel, Stadtdechant ɾc.
— 33, setze man zu der Note: die Würtembergischen und Baadenschen Waffenstillstandsverträge wurden in der Folge in Friedensschlüsse verwandet. Würtemberg trat in diesem an Frankreich ab: Mömpelgard, die Herrschaften Hericourt, Hoburg, Rukewic und Ostheim, die Grafschaft Harburg, Herrschaft Reichenweiler und alles Eigenthum am linken Rheinufer. Baaden entsagte der Grafschaft Sponheim und ebenfalls allem Eigenthum am linken Rheinufer.
— 34, Note Zeile 5, von unten, zwischen Zwanziger und Obercamp: von Rhodius.
— 49, Note. Lese man: Graf Grecourt drang schon in der Nacht des 29. Aug. mit 60 Karabiniers in die Stadt ein.
— 61, — 8, statt beschlossen: beschossen.
— 64, Note, letzte Zeile, statt vor: von.
— 68, Zeile 2, von unten, statt Gebaute: Gebäude.
— 79, — 12, statt vesten: rechten Ufer.
— 84, — 5, nach wurden, lese man: aber.
— 86, — 5, nach dem Worte verwundet, lese man: und starb auch, so wie desgleichen Obrist Neslinger blieb.
— 105, — 3, statt Sardinien: Sardinier.